深い学びに導く

理科
新発問
パターン集

三井寿哉・小林靖隆 著

明治図書

はじめに

　授業を進めていると，子どもたちが急につぶやいたり，活発に話し始めたりすることがあるでしょう。また，教師の想定以上に活動が盛り上がり，意欲的に調べたり記録したりすることもあるでしょう。教師は，このような子どもの姿を見て「子どもにとって学習内容や活動がヒットしたのだろう」と思いがちですが，それだけではありません。教師の発問の投げかけが子どもにヒットしたのも1つの大きな要因なのです。

　「発問」には意味があります。教師がその意味を理解し，子どものジャストミートな思考場面で投げかけることで，授業は大きな盛り上がりを見せます。発問がヒットしたとき，授業は自然と進みだし，教師はその子どもの姿を見守るだけでよくなります。

　本書は小学校理科の問題解決の場面に沿った発問パターンを集めました。様々な場面で主体的な問題解決に役立つ発問を厳選しました。

　理科の授業に苦手意識のある先生は，適した発問を1つ取り上げ，授業場面で活用してみてください。

　また，理科を得意とする先生も発問を応用してさらに授業を盛り上げてください。これらの発問集は，学年ごとに主に育成する第3学年「主に差異点や共通点を基に，問題を見いだす力」，第4学年「主に既習の内容や生活経験を基に，根拠のある予想や仮説を発想する力」などの問題解決の力の育成にも役立てることができます。

　私たちはこれまで，日頃の理科の授業を通して発問の在り方について議論してきました。その実践研究のとりまとめが今回このような書籍になりましたこと，大変喜ばしく思っております。

2023年6月　三井寿哉・小林靖隆

目 次

第4章 検証計画の立案・観察，実験・結果の新発問パターン ──

第5章　考察・結論・活用の新発問パターン ───────

第1章

発問の大切さ

1

発問とは？

 ## 発問と質問の違い

発問と質問は，問い方として一見似ていますが本質的な違いがあります。

❶「発問」とは

「発問」は主に教育現場で使われる言葉であり，教師が子どもに投げかける意図的な問いかけを指します。「発」は行動を起こす，「問」は意図的に相手へ問いかけるという意味をもちます。よって，教育現場で教師が発問をする行為は，子どもに意図的な問いかけをし，行動を起こすといった学習の意欲を高めることになります。具体的には，「その出来事は**なぜ**起こったのでしょう？」「AとBは**どのような**ところが似ていますか？」のように，「なぜ」「どのように」という５Ｗ１Ｈ（Who 誰が，When いつ，Where どこで，What 何を，Why なぜ，How どのように）を問いに含ませ，子どもに理由を考えるきっかけを与えるのが発問です。そして，その発問は問題解決に向けた探究的な活動や行為にまで影響を及ぼしていきます。

❷「質問」とは

「質問」は，一般用語として使われる言葉です。「質」は不明点を問い確かめるという意味があります。「問」は知りたいことを尋ねるという意味をもちます。よって，ある事柄についてはっきりさせたいとき，相手に聞いて確かめる行為を示しています。小学校では，子どものわからないことや知りたいことを聞いて確かめるときに使います。主には「その出来事を知っている？」といった事実の有無や「AとBは似ている？」といった正誤の確認として使用します。子どもはその質問に対して「はい・いいえ」の二択で完結することが多いため，その後の活動につながる意欲はさほど掻き立てられません。これが発問との大きな違いです。

 ## 発問の種類

❶発問の類型

学習の場における発問には「答えがある発問」「対象の様子や気持ち，感想を問う発問」「自

らの考えを整理し，事象を関係付ける発問」の３つの類型があり，それぞれに役割があります。

---

①答えがある発問

　「どこですか？　どれですか？」など，確かめる内容のものについて問う発問です。これは対象をよく見れば答えが自ずと見えてくるもので，正解か不正解かがはっきりした一問一答のやりとりが多いです。この発問は事象の確かさを確認することが目的となるため，「質問」に近い要素があります。よって，子どもの意欲の向上や活動の広がりに結び付けにくい点があります。

---

②対象の様子や気持ち，感想を問う発問

　「どのようになっていましたか？」「気持ちを考えましょう」というように，見方や考え方を基にしながら子どもの考えを確かめたり揺さぶったりする発問です。よって，問い方によっては正解か不正解かの区別がないこともあります。考え方の方向が間違っていなければ，おおむね可とする場合が多く，授業を展開する上で重要な発問になります。

---

③自らの考えを整理し，事象を関係付ける発問

　「２つの物はどのようなところが違いますか？」「その考えはどのような根拠を基にしていますか？」など，調べ方や考え方を明確にするために事象と事象を関係付けて答えさせる発問です。この発問は子どもが論理的に考えるきっかけをつくり，説明したり表現したりすることができるようになります。これは考える力を育てる発問になります。

　授業では，これら３つの類型をうまく組み合わせ，子どもの意欲を高めたり，活動を広げたりしていきます。この発問をうまく授業で機能させれば，「先生は授業で何を求めているの？」と子どもを困惑させてしまうことはなくなるでしょう。本書では主に②③の発問について実践事例を挙げて紹介していきます。

❷主発問と補助発問

　発問には，主発問と補助発問があります。主発問は，本時の目標に関わる中心的な発問であり，中心課題や学習問題と直結しています。その主発問を補ったり，詳しくしたりするものが補助発問です。補助発問は全体に問いかけることもあれば，必要に応じて個々に問いかけることもあります。授業の導入，展開，まとめに即して補助発問をしていくことで，子どもの多様な考えを引き出し，思考の揺さぶりを起こすことが可能になります。

発問が生み出す思考と主体性

 主発問で思考を揺さぶる

❶揺さぶる意図

　思考を揺さぶるとは，子どもの学習に変化をもたらし緊張を誘うことを意味しています。また，子どもの思考や認識に疑念を呈したり混乱を引き起こしたりすることによって，より確かな見方へと導いたり，物事を違う側面から見せて考えさせたりするものです。

　子どもは授業を通して何度も揺さぶりをかけられることによって思考する力が身に付いていきます。思考力は教科や単元によって身に付く力が異なります。教師はその教科特性を生かした思考の揺さぶりをかけていくことが大事となります。その鍵を握るのが主発問や補助発問です。

❷揺さぶりのない主発問

「空気の温度が変わると，体積は変わるだろうか？」

　これは，第4学年の理科の学習で見られる学習の問題にあたる主発問（中心課題）です。一見，この発問でも問題解決型の授業が展開できるように見えますが，この発問では，子どもは実験を通して「空気の温度が変わると，体積も変わった」という主発問に対するオウム返しのような結論となり，思考の広がりは見られません。結論自体は間違っていませんが，空気の温度と空気の体積に着目して変化する過程を追ったり考えたりしたまとめにはなりにくいのです。また，子どもの中には，空気が温かくなると体積が増えることをすでに知識として有している子どももいます。その子にとって，この主発問では概念の変化は薄く，思考は揺さぶられない単なる確かめ程度の実験となるでしょう。

❸揺さぶられる主発問

「空気の温度が変わると，体積はどうなるだろうか？」

　一方この発問では，体積はどうなるかを問うているため，体積は変化するかしないかに加え，体積が変化する程度や様子，温度変化との関係に着目して実験したり考えたりすることができます。よって「空気の温度が変わると，空気の体積は変わる。空気が温められると体積は大き

くなり，冷やされると体積は小さくなる」といった詳細な結論文になります。また，水や金属が体積変化する様子とも関係付けて考えることもできるようになるでしょう。すでに知識を有している子も，どのように変化するかまでは詳しく理解していないことが多いです。よって，この主発問で疑念を抱かせ，思考を揺さぶることで探究心を高めていきます。

補助発問で主体的，協働的な活動にする

❶子どもの声を拾った補助発問

授業中，子どもはよくつぶやきます。教師はそのつぶやきを拾い，「どうしてそう思ったのかな？」「その言葉はどういう意味かな？」などと問い返すことで，子どもの声を基にしながら思考に沿った授業を展開していくことができます。また，主発問に対しての発言では「その考えをもっと詳しく説明できる？」といった補助発問を行うことで，1人の発言を全体に広げて再度説明させることがあります。これは自分の考えを他者に共有させる働きがあり，協働的な活動へと導く発問となります。

❷動きから気づかせる補助発問

補助発問には，「子どもが何気なく活動していることを意識化させる」役割もあります。主に音楽や図画工作，体育，家庭科，理科の観察，実験など体を動かす活動がある場面で有効です。例えば，理科の第3学年「太陽と地面の様子」の学習で，影踏み遊びを通して問題をつくる活動があります。子どもは影を踏まれないようにするために，自分の影を線の外に出すように無意識に北寄りの線に立ちます。その様子を見た教師が「どうしてそこに立っているの？」と問うことで，何気なく立っていた子どもは，影の向きにはきまりがあることに気づきます。その気づきを発表し合うことで，「影の向き」に着目した調べ活動へと展開していきます。

❸補助発問は即興性

補助発問は事前に考えておく主発問とは異なり，その場の子どもたちの発言やつぶやきを受け止めて，それを深めたり，共有させたりする即興性が求められます。教師が子どもの思考の流れに沿って臨機応変に対応し，場に応じた補助発問ができるようになることで，主体的かつ協働的な学習となっていくでしょう。教師があえて間違ったことを問う補助発問や，「本当にこれでよいのか？」と再度考えを見返す時間を設ける補助発問もあります。このように，子どもの思考を揺さぶる発問を教師が数多くもち合わせることで，子どもは自分の考えを見直し，より確かな見方で概念を更新しようとしていきます。

参考文献：「補習授業校教師のためのワンポイントアドバイス集 4 発問」文部科学省

3

発問するテクニック

 主体的な活動につながる発問

❶一問一答形式の発問にしない

　子どもが主体的に学びゆくために，教師は授業の中で様々な働きかけをしています。学習環境を整えるとともに，教師による「発問」の投げかけによって子どもを動かすことも大事な要素になります。しかし，8～9ページで示した「発問の類型」の「①答えがある発問」は，いわゆる一問一答型の発問にすぎず，子どもに連続的な発問をすることになります。授業のはじめは意欲的に返答してくれますが，その持続は難しく，子どもの意欲は中盤で減退してしまう傾向が見られます。

❷問題解決学習を見据えた大きな発問にする

　理科では問題解決につながる大きな発問を心がけていくようにします。問題解決のスタートである導入場面で，問題が見いだせるように練られた発問を投げかけます。そして，活動場面や領域特性に合わせて細かな発問に切り替えるようにすることで，主体的な学習をすすめることができます。

　導入場面では，子どもが「やってみたい・考えたい」と興味を高めることができる話題を提示する発問を行っていきましょう。子どもたちがこれまで培ってきた概念や経験を思い起こしたり，関心・意欲を高めたりする子どもの心理を突いていく発問を用意していきます。

❸教材提示に発問を絡ませる

　理科の授業の導入場面は，ほぼすべての単元で自然の事物・現象を教材にします。自然の事物・現象は子どもたちにとっても大変魅力的であり，提示するだけでも興味・関心を高めることができます。しかし，事物・現象を見せただけでは，子どもの探究意欲は高まらず，観察，実験をただ楽しむだけで終わってしまい，理科の授業で大事だとされる問題解決になりません。そこで，教材提示とともに教師による子どもの心理に問いかける発問が必要不可欠となるのです。

発問による子どもの指名や反応

❶発問の難易度を考慮する

　教師の発問に対して，あらかじめ子どもがどのような返答をしてくるか予測し，返答のさせ方や誰を指名するかまで考慮しておく必要があります。発問には，子どもがすぐに返答できる内容のものもあれば，難解で一部の子にしか返答できないものもあります。発問や補助発問で求める回答が簡単な場合は，全員に一斉に答えさせることができます。子どもが声をそろえて発する機会や，挙手する機会をつくることで意思を確認することができます。簡単な発問は子ども全員に授業に参加しているという意識が芽生えるとともに，授業に対して聴く姿勢から話す姿勢へと意識を変える効果もあります。

❷指名する順を配慮する

　発問の内容や難易度によって，指名する子どもを選択します。難易度の高い発問をした場合，容易に返答できるだろう子を指名して答えさせても，考え抜けていない子は会話のやりとりについていけません。考える時間を設け，返答できる子，悩んでいる子を教師が見極め，段階に合った指名をしていくとよいでしょう。

❸挙手で反応を見る

　挙手は発言が苦手な子の考えも把握することができます。挙手させることで，子どもは友達の考えとどれくらい一致しているかを把握することができ，自信をもつことができたり，考えを改めるきっかけをもたせたりすることができます。また，教師は子どもの挙手する様子や態度から意欲面を見ることもできます。教師が発問をして子どもの反応が薄かった場合は，発問そのものの内容を改める必要があります。子どもが挙手する数は理解度と意欲面に関係しています。子ども自らが考えたくなる・やってみたくなるような発問を投げかけていくようにします。

 ## 発問するタイミング

❶発問と「間」

　教師は職業柄，話しすぎる傾向があるようです。発問した後，反応がないと心配になり，さらに問いかけてしまうことがあります。しかし，子どもは教師の話が長いと思考が停止してしまうことがあり，せっかくの発問も効果を成しません。そこで「間」を生かすことが大切になります。「間」は子どもの緊張感と，考えることの必要感を高めます。

例えば，子どもが発言して，それを聞いた教師が急に話すのをやめて考え込む仕草を見せたとします。その瞬間，子どもは今の発言の内容に対して先生が何か考えだしたと察し，何について考え込んでいるのかと思考を巡らせます。教師は黙り，間をつくることで無言の「今の発言はみんなどう思う？」という発問を態度で投げかけているのです。

また，子どもがじっくり考えられるようにするには，そのための時間を保障してあげることが大切です。教師はゆっくり話したり，少し考える時間を与えたりすることもできます。

❷発問のポイント

教師が発問する際には以下の点を考慮します。

・明快で簡潔な発問	：発問する意味が明確であり，その言葉は端的であるか
・計画的・意図的な発問	：発問が学習のねらいや流れに沿っているか
・興味や意欲を呼び起こす発問	：考えようとする意欲を発起するものになっているか
・実態に合った発問	：子どもの発達や状況に配慮したものか
・タイムリーな発問	：その瞬間を捉えた発問であるか

❸発問するときの動作

教科にもよりますが，発問する際には，教師は動作や仕草で子どもに問いかけることもできます。これは教師が話す内容以上の効果をもたらし，子どもが自ずと考えだすきっかけをつくります。

・話の聞かせ方，態度	：子どもの聞く姿勢が確保できていることが基本 　日頃の学級経営から育てていく必要がある
・話すスピードや抑揚	：普段よりややゆっくりめに話すと注目度が増す 　声量を抑えて話すことで注目度が増す
・表情・ジェスチャー	：ときには疑問をもった表情，身振りや手振りも効果あり 　ともに驚いたり，悩んだりしながら子どもに共感する
・板書や資料を示しながら	：言葉だけでなく，資料や写真，教材などを提示する 　ICTを活用して注目すべき点を明確にする
・声を出さずに問う	：教師の静止や急な無言は，子どもが考える場となる

第2章
理科の発問の機能と分類

見方・考え方による，発問の違い

 見方・考え方

❶資質・能力を振り返る

見方・考え方について説明する前に，資質・能力について説明します。資質・能力は見方・考え方と相互に関連しています。平成29年告示の学習指導要領では，教育課程全体を通して育成を目指す資質・能力が右図のような3つの柱で整理されています。この整理に伴い，小学校理科の目標の示し方も大きく変わりました。以下に示す小学校理科の目標には資質・能力の育成が簡潔に整理されています。

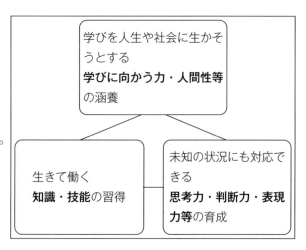

学びを人生や社会に生かそうとする **学びに向かう力・人間性等** の涵養

生きて働く **知識・技能の習得**

未知の状況にも対応できる **思考力・判断力・表現力等** の育成

　自然に親しみ，理科の見方・考え方を働かせ，見通しをもって観察，実験を行うことなどを通して，自然の事物・現象についての問題を科学的に解決するために必要な資質・能力を次のとおり育成することを目指す。

(1)自然の事物・現象についての理解を図り，観察，実験などに関する基本的な技能を身に付けるようにする。（知識及び技能）

(2)観察，実験などを行い，問題解決の力を養う。（思考力，判断力，表現力等）

(3)自然を愛する心情や主体的に問題解決しようとする態度を養う。（学びに向かう力，人間性等）

　自然の事物・現象について問題を科学的に解決するために必要な資質・能力である(1)(2)(3)は，相互に関連し合い，各教科の内容を通して「何ができるようになるか」を意識した具体的な視点になります。

❷見方・考え方と資質能力の相互補完

資質・能力の育成の要となるのが「見方・考え方」です。これは学習過程で働かせるもので，「物事を捉える視点や考え方」といいかえることができます。「見方・考え方」を働かせた学びを展開しながら「資質・能力」を育み，また，育まれた「資質・能力」によって，より豊かな「見方・考え方」へと鍛えられていきます。このように「見方・考え方」と「資質・能力」は相互に補完し，高め合う関係にあります。

```
┌─────────────────────────────┐
│         資質・能力           │
│      「知識及び技能」          │
│  「思考力，判断力，表現力等」    │
│  「学びに向かう力，人間性等」    │
└─────────────────────────────┘
    ↑                      ↑
育まれた「資質・能     「見方・考え方」を働
力」によってより豊     かせた学びを通じて
かな「見方・考え方」    「資質・能力」が育ま
が鍛えられる          れる
    ↓                      ↓
┌─────────────────────────────┐
│        見方・考え方          │
│  「各教科等の特質に応じた物事を  │
│    捉える視点や考え方」         │
└─────────────────────────────┘
```

❸理科の見方・考え方

理科の見方・考え方は，『小学校学習指導要領解説 理科編』の教科目標に記されています。平成29年の学習指導要領改訂によって，見方・考え方の捉えが変わりました。これまでは，「科学的な見方や考え方」を育成することが目標でした。しかし，今回の改訂で「資質・能力の育成」が目標となったため，その達成として「見方・考え方」は資質・能力の育成に向かう学習の過程で働かせるものとされています。理科の授業で，子どもが「見方・考え方」を働かせながら「資質・能力」を育んでいくということになります。

❹見方・考え方を働かせる

理科の目標で示されている「理科の見方・考え方を働かせ」とは，子ども自身が働かせることを意味し，教師が押しつけるものを意味していません。よって，子ども自身がその動機づけがなされなければ，子どもが働かせている状態にはならないのです。しかし，教師がある程度の見方・考え方の方向性を示してあげないといけません。子ども自身が自然の事物・現象を比較したり，量の違いを感じたりしながら見ることができるよう，子どもに着目する点をもたせてあげられる視点を設けます。そのために，教材提示に加えて発問の工夫が有効になります。

❺領域ごとの視点

「理科の見方」は様々な自然の事物・現象等を捉えるという理科ならではの視点です。理科は科学的な概念の理解など基礎的・基本的な知識・技能の確実な定着を図る観点から，「エネルギー」「粒子」「生命」「地球」を柱とする4領域に分かれ，それぞれの特徴に合った視点が整理されています。領域の特徴に即して発問の内容も変わってきます。

「エネルギー」を柱とする領域における「見方」と発問

❶「量的・関係的」な見方

　エネルギーを柱とする領域では，主として「量的・関係的」な見方で捉えることが，特徴的な視点として示されています。この見方は，2つの量がどのように関係しているかという視点で，自然事象を捉えようとするときに働きます。例えば，第5学年で学習する「電流がつくる磁力」では，実験でコイルの巻き数を50回，100回……と増やすと，それに伴って電磁石の鉄を引きつける強さが変化し，引きつけられるクリップの数が5個，8個……と増えていきます。コイルの巻き数やクリップの数を量として着目し，その変化からコイルとクリップの関係性に着目していくことで，見えないエネルギーの変化を定量的に捉え，視覚化していくようにします。

「エネルギー」を柱とした領域における「量的・関係的」な見方が働く力

第3学年

風とゴムの力の働き	風の強さやゴムの伸びる長さと，そのときの車の進む距離との関係に着目する
光と音の性質	鏡の枚数と壁の温かさの関係に着目する
磁石の性質	磁石の力とクリップの個数の関係に着目する
電気の通り道	回路になる・ならないときの明かりがつく関係に着目する （この単元は例外として質的・実体的に近い）

第4学年

電流の働き	回路を流れる電流の大きさや電池の数と豆電球の明るさやモーターの回転する速さとの関係に着目する

第5学年

振り子の運動	振り子の長さ，おもりの重さ，触れ幅の角度と振り子が1往復する速さや時間との関係に着目する
電流がつくる磁力	コイルの巻き数や電流の大きさと磁力で引きつけられるクリップの数の関係について着目する

第6学年

てこの規則性	てこに加わるおもりの重さと，支点から力点や作用点までの距離との関係に着目する
電気の利用	手回し発電機で発電するために回す回数と豆電球や発光ダイオードが点灯する時間との関係について着目する

❷「量的・関係的」な見方を促す発問

　エネルギーを柱とする領域の授業は，子どもが自然事象を実際に見たり触れたりする体験をしながら，自然事象の変化を捉えたり，実験の経過や結果を追ったりしていきます。その際に，「どのように変化するか」という定性的な捉えとともに，「1つの値を変化させたとき，もう1つの値も伴って変化するのではないか」という定量的な視点で着目できるようにします。教師は教材提示とともに変化の仕方を量で見ることができるような発問の工夫が求められます。

問題解決の場面に沿った「量的・関係的」な見方を重視した子どもの活動と，教師の発問

問題解決の場面	エネルギー領域で 主に見られる活動	エネルギー領域に即した教師の発問
導入 問題の見いだし	子どもは体験活動を通して，実際に手を動かしながら現象の変化に気づき，問題をつくる	「どう感じたかな？」「何が変わったかな？」 　　　　　　　　　　（現象の変化／定性的な視点） 「どれくらい大きくなったかな？」 　　　　　　　　　　（量の変化　／定量的な視点）
予想	2つの量の変化に着目した予想を立てる	「○が変化したら△はどうなるかな？」
観察，実験の計画	子どもが量的・関係的な視点で実験ができるよう計画する	「○をどのようにして変化させていくかな？」 「△が変化する様子をどのように見るかな？」
観察，実験 結果	子どもは量的・関係的な視点に着目しながら実験を実施し，結果を表やグラフにまとめる	「○がいくつのとき，△はいくつかな？」 「○と△の変化をどのように表すといいかな？」
考察	結果を基に自分の予想したことを振り返りながらまとめる	「表やグラフから何かきまりや規則はありそうかな？」 「○と△はどのような関係があるかな？」
結論	問題に立ち返り，結論をまとめる	「○と△の関係を結論として文にまとめられるかな？」

❸発問を深める

　現象や性質の「変化そのもの」に着目して捉えることを定性的といい，「何が変わったかな？」「違うところはあるかな？」といった発問になります。一方，「量」に着目して現象の変化の程度を捉えることを定量的といい，「どれくらいの大きさなのかな？」「反射した光の鏡を何枚重ねればいいのかな？」という発問になります。教師は現象を見せながら，定性的な発問から投げかけ，定量的な発問へと深めていくことができます。子どもが現象の変化を量的な視点で観察し，2つの量の変化を関係付けられるように表やグラフに表しながら考える授業展開を計画していきましょう。

「粒子」を柱とする領域における「見方」と発問

❶「質的・実体的」な見方

　粒子を柱とする領域では，主として「質的・実体的」な見方で捉えることが，特徴的な視点として示されています。この見方は，物によって異なる性質があるのではないか，見えない物でも実体として存在しているのではないかという視点で，自然事象を捉えようとするときに働きます。例えば，第6学年で学習する「水溶液の性質」では，数種類の水溶液の性質についていろいろな方法を用いて調べます。それぞれの水溶液にアルミニウムを入れたとき，溶けた水溶液とそうでない水溶液があります。その様子から，水溶液の性質が異なるのではないかと考えることができます。このとき，一つひとつの水溶液の性質に着目し，アルミニウムを入れたことによる状態の変化（実体）に着目していくことで，見えにくい事象の変化や違いを視覚化しながら，水溶液の性質の違いについて捉えていきます。

「粒子」を柱とした領域における「質的・実体的」な見方が働く力

第3学年

物と重さ	同じ体積にして比べることで重さの違いが出た場合，質的な要因に着目する 体積が変わらず，見た目が変わったとき，重さはどのようになるか着目する

第4学年

空気と水の性質	圧して縮めることによる体積の変化と手応えの変化と空気の様子に着目する 圧し縮めるときの空気と水の体積や様子の変化，手応えの違いに着目する
金属，水，空気と温度	温度変化による体積変化に着目する 温めたときの熱の伝わり方に着目する 金属・水・空気の熱の伝わり方，体積の変化の違いに着目する 温度によって水が姿を変える際の体積や形状の変化に着目する

第5学年

物の溶け方	溶けた物は目に見えないが，重さによって溶けた物が存在していることに着目する 溶け方の違いや溶かす物による違いに着目する 水に溶ける量の変化について食塩と他の物質との違いに着目する

第6学年

燃焼の仕組み	ろうそくが燃えるときに起こる空気の変化に着目する
水溶液の性質	見た目には見分けがつかないが，違う性質をもつ水溶液の違いに着目する 塩酸の中で起こる金属の状態の変化，性質の変化に着目する

❷「質的・実体的」な見方を促す発問

　粒子を柱とする領域の授業は，子どもが自然事象を実際に見たり触れたりする体験を行いながら，自然事象の変化を捉えたり，実験の経過や結果を追ったりしていきます。その際に，「物によって異なる性質があるのではないか」という物の性質に着目したり，「見えない物でも実体として存在しているのではないか」という実体に着目したりできるようにします。また，「形が変わっても同じ量が存在しているのではないか」といった実体と性質の両方に着目することもできます。教師は教材提示と共に，物を性質で捉えさせたり，見えない物の存在に着目させたりすることができるような発問の工夫が求められます。

問題解決の場面に沿った「質的・実体的」な見方を重視した子どもの活動と，教師の発問

問題解決の場面	粒子領域で 主に見られる活動	粒子領域に即した教師の発問 ○＝物（形）　△＝実体（状態，体積など）
導入 問題の見いだし	子どもは現象を見たり体験したりすることを通して，物の性質や変化に気づき，問題をつくる	「○はどう感じたかな？」「何が変わったかな？」 「○は本当になくなっちゃったのかな？」
予想	物の性質と，変化した後の実体に着目した予想を立てる	「○を変化させたとき，△はどのようになるかな？」
観察，実験の計画	子どもが質的・実体的な視点で実験できるよう計画する	「○をどのように変化させていけばいいかな？」 「そのとき，△をどのように見ればいいかな？」 「他の物はどうかな？」
観察，実験 結果	子どもは質的・実体的な視点に着目しながら実験を実施し，結果を表やグラフにまとめる	「△はどんなかな？」 「○は見えなくなっちゃったけど，どこにいっちゃったのかな？」 「△の変化をどのように表すといいかな？」
考察	結果を基に自分の予想したことを振り返りながらまとめる	「○はどのような性質といえるかな？」 「他の物は○の性質と比べてどう違うかな？」
結論	問題に立ち返り，結論をまとめる	「○についての性質を結論として文にまとめられるかな？」

❸発問を深める

　粒子を柱とする領域は，目視では容易に判断できなかったり，見分けられなかったりするような事象に対して，その変化や違いを捉えていきます。いろいろな物によって異なる性質の変化を実験で確かめていきます。空気，水，金属，食塩，塩酸などの何かの影響によって起きる変化に着目しながら，その物の性質を捉えていけるよう「空気を圧したとき……」「食塩を水に溶かしたとき……」と，発問の中に具体物を含ませていくとよいでしょう。

「生命」を柱とする領域における「見方」と発問

❶「共通性・多様性」の見方

　生命を柱とする領域では，主として「共通性・多様性」の見方で捉えることが，特徴的な視点として示されています。この見方は，色，形，大きさなどの着目する基準を設け，その着眼点を変えることで見え方が変わり，共通の仲間，違う仲間として自然事象を捉えようとするときに働きます。例えば，第3学年で学習する「身の回りの生物」では，昆虫の成長と体のつくりについて調べます。チョウとトンボは，形や大きさも異なります。しかし，昆虫のつくりを基準にして見ると，どちらも頭，胸，腹に分かれていたり，胸からあしが6本はえていたりする昆虫の仲間の共通点に気づきます。このように，同じところ，違うところという見方で比較しながら，生物の仲間分けをしていくことで新しい発見に出合えます。

「生命」を柱とした領域における「共通性・多様性」の見方が働く力

第3学年

身の回りの生物	昆虫の姿や成長における一定の順序や体のつくりに着目する
	植物の姿や成長における一定の順序や体のつくりに着目する

第4学年

人の体のつくりと運動	人の体にある骨と筋肉のつくりと働きに着目する
季節と生物	季節による動物や植物の活動や成長の変化に着目する

第5学年

植物の発芽，成長，結実	植物の育ち方について，発芽，成長，結実のそれぞれの条件に着目する
動物の誕生	魚の誕生について，時間の経過による卵の中の様子の変化に着目する
	人の誕生について，時間の経過による胎内の様子の変化に着目する

第6学年

人の体のつくりと働き	人の生命を維持する働きについて，体のつくりと呼吸，消化と排出，循環に着目する
植物の養分と水の通り道	植物の生命を維持する働きについて，その体のつくりや体内の水などの行方及び葉でつくられる養分に着目する
生物と環境	生物と持続可能な環境との関わりについて，生物と水，空気及び食べ物との関わりに着目する

❷「共通性・多様性」の見方を促す発問

　生命を柱とする領域の授業は，子どもが動物や植物を対象に観察する基準を定めながら主に比較する活動を行い，分類したり，生物の構造や仕組みについて捉えたりします。その際に，「同じところ，違うところはどこか」という共通点や差異点に着目したり，「種類は違うけれど似た育ち方をしている」という他の生物との多様性に着目したりできるようにします。教師は教材提示とともに比較する基準を発問で与えます。何で分類するかによって，１つの生物のもつ特徴に気づいたり，生物がもつ構造や巧みさや神秘さに迫ったりすることができます。

問題解決の場面に沿った「共通性・多様性」の見方を重視した子どもの活動と，教師の発問

問題解決の場面	生命領域で主に見られる活動	生命領域に即した教師の発問 〇・△＝生物
導入 問題の見いだし	子どもは対象物を見たり体感したりすることを通して，違いに気づき，問題をつくる	「〇はどう感じたかな？」 「〇と△の何が違うかな，同じかな？」 「〇や△はどのように育っていくかな？」
予想	見方の基準に着目した予想を立てる	「〇や△の様子はどのようになっているかな？」 「〇は△と比べてどこが同じかな，違うかな？」 「〇にどんな制御をすればいいかな？」
観察，実験の計画	子どもが共通性・多様性の視点で観察，実験ができるよう計画する	「〇と△のどこを詳しく見ればいいかな？」 「〇と△のどこが違うかな，どこが同じかな？」 「数日前とどこが変わったかな？」 「制御した〇と制御していない〇でどのような違いがあるかな？」
観察，実験 結果	子どもは共通性・多様性の視点に着目しながら観察を実施し，記録にまとめる	「どこを詳しく見ているかな？」 「△の変化をどのように表すといいかな？」 「よく見て記録しているかな？」
考察	結果を基に自分の予想したことを振り返りながらまとめる	「〇や△からどのような仲間分けができるかな？」 「制御した〇と制御していない〇からいえることは何かな？」
結論	問題に立ち返り，結論をまとめる	「〇や△についての結論を文にまとめられるかな？」

❸発問を深める

　生命を柱とする領域では，子どもは差異点を見いだしていく中で，共通点が見えてくるようになります。まずは，違うところを見つけだせるような発問をし，次第に共通点を見つけられる発問へと変えていきます。このように，「共通性」の見方に重点を置いて生物と向き合うようにし，共通の仲間の中にある「多様性」を見いだしていくようにします。

「地球」を柱とする領域における「見方」と発問

❶「時間的・空間的」な見方

　地球を柱とする領域では，主として「時間的・空間的」な見方で捉えることが，特徴的な視点として示されています。この見方は，大地や大気，空などを空間として捉え，それらが時間とともに変化していく様子に着目し，自然事象を捉えようとするときに働きます。例えば，第4学年で学習する「雨水の行方と地面の様子」では，雨上がりの地面に水たまりができたり，後になくなったりする様子について調べます。水たまりができる地面を空間として着目し，数時間後に水がなくなっていることから，水の行方について調べていきます。このように，時間の変化に伴って空間が変化していく様子をあわせて見ていくようにします。

「地球」を柱とした領域における「時間的・空間的」な見方が働く力

第3学年

太陽と地面の様子	1日の時間の変化による地面の影の動きや太陽の位置に着目する

第4学年

雨水の行方と地面の様子	数日後の地面の水たまりの有無に着目する
天気の様子	1日の午前と午後の気温と天気に着目する
月と星	1日の時間による月の形や位置に着目する

第5学年

流れる水の働きと土地の変化	長い年月をかけて川の働きによってつくられる土地の変化に着目する
天気の変化	1日の時間ごとの空全体の雲の変化に着目する 数日間の日本全体の空の雲の動きに着目する

第6学年

土地のつくりと変化	長い年月をかけて土地がつくられた様子について着目する
月と太陽	数日間の月の見え方と，そのときの月や太陽の位置に着目する

❷「時間的・空間的」な見方を促す発問

　地球を柱とする領域の授業は，月と太陽の位置関係や，川の侵食，運搬，堆積の様子など，実際の対象物で観察，実験ができない現象を扱うことが多いです。よって，導入場面では資料を用いて問題を見いだしていきます。2つの資料を提示しながら「時間が経過して変わったところはあるかな？」と比較できる発問を行うことで，変化した点や変化していない点に気づくことができ，その変化の要因について考えるきっかけをつくることができます。

問題解決の場面に沿った「時間的・空間的」な見方を重視した子どもの活動と，教師の発問

問題解決の場面	地球領域で 主に見られる活動	地球領域に即した教師の発問 〇＝空間の対象物　△＝時間経過した対象物
導入 問題の見いだし	子どもは対象物や資料を通して，時間経過による変化に気づき，問題をつくる	「〇と△はどこが違うかな？」 「〇が△になるまでどのくらいの時間が経っているかな？」 「どうして〇が△のように変化したのかな？」 「〇も△も変化していないところはあるかな？」
予想	見方の基準に着目した予想を立てる	「〇が△のようになっていくのは何が関係しているのかな？」
観察，実験の計画	子どもが時間的・空間的な視点で観察，実験ができるよう計画する	「学校で調べるにはどんな方法があるかな？」 「モデル実験は〇の何に見立てているかな？」 「どこを詳しく見たらいいかな？」 「時間をどのくらい置いて見ればいいかな？」 「どのように記録にまとめるかな？」
観察，実験 結果	子どもは時間的・空間的な視点に着目しながら観察を実施し，記録をまとめる	「どこを詳しく見ているかな？」 「同じ位置で観察できているかな？」 「どのように変化したかな？」 「この先，どのように変化していくかな？」
考察	結果を基に自分の予想したことを振り返りながらまとめる	「〇が△に変化するのは何が関係していたかな？」 「実際にはどのくらいの時間がかかったかな？」 「〇の実際の大きさはどのくらいかな？」
結論	問題に立ち返り，結論をまとめる	「〇の変化について結論を文にまとめられるかな？」

❸発問を深める

　地球を柱とする領域は，モデル実験を通して実際はどのようになっているかを推測しながら捉えていくようにする活動が多いです。その際に，モデル実験を実際の対象物の「何に見立てているか」を確認しながら実験計画を立てていきます。また，考察場面で実際の対象物のサイズや，実際に経過した時間に戻して考えられるよう促していくことが大事になります。

「考え方」を引き出す発問

❶問題解決の能力を踏まえた「考え方」

　理科の「考え方」は，問題解決の過程において，どのような考え方で思考していくかを示したものであり，従来の問題解決の能力が基となっています。「考え方」は学年の発達を鑑み，段階を追って問題解決の力を重視するよう整理されていますが，必ずしもその学年で使用するといった固定的なものではありません。問題解決の様々な場面に沿った考え方を働かせられるようにしていきます。教師は，子ども自らが「考え方」を使用して思考することできるようになるために適した発問をしていくようにします。

学年別に重視したい「考え方」と発問

重視する学年	問題解決を育成するために大切な「考え方」	「考え方」が働く主な問題解決の場面	教師の発問
第3学年	「比較する」 複数の自然の事物・現象を対応させて比べる	導入 問題の見いだし 観察，実験 考察	「同じところ，違うところはあるかな？」 「何と何を比べたらいいかな？」 「これから，どのように変化していくかな？」
第4学年	「関係付ける」 自然の事物・現象を様々な視点から結び付ける	予想 仮説の設定 考察	「その予想は何を理由にしているのかな？」 「前にどんなことを学んだかな？」 「○と△はどのように関係しているのかな？」
第5学年	「条件を制御する」 自然の事物・現象に影響を与えると考えられる要因を区別する	検証計画の立案 観察，実験 考察	「変える条件，変えない条件は何かな？」 「条件は整っているかな？」 「その実験，何回行えばいいかな？」 「A班とB班の実験の条件は同じかな？」
第6学年	「多面的に考える」 自然の事物・現象を複数の側面から考える	考察 結論	「今回の結果で何がどこまでいえるかな？」 「他の結果からもいえることはあるかな？」 「この結論でみんなは納得できるかな？」

❷「見方」と「考え方」を発問で使い分ける

　理科の「見方」は領域ごとに整理されているのに対して，理科の「考え方」は問題解決の能力を基に整理されています。領域の特徴に着目できる発問と，考え方が働く発問を使い分けることで，子どもが理科の授業をより主体的に学ぶことが期待できます。

第3章

導入・問題の設定・予想の新発問パターン

問題解決ごとの発問①
導入・問題の設定・予想

 問題解決の場面によって発問は異なる

　小学校の理科の学習は，問題解決学習を中心に展開します。その際，教科書に示された問題文や課題文をそのまま提示するのではなく，自然事象との関わりによって得られた気づきや問いを基に「問題」を設定します。その問題から発想された予想を観察や実験を通して検証し，結果から問題に対する結論を導きます。この一連の活動を子どもが主体的に行っていくのが問題解決学習です。教師はその活動場面ごとに適した具体的な発問を投げかけ，子どもが主体的に活動できるよう導いていきます。

　「小学校学習指導要領」において，理科で育成を目指す資質・能力の１つである「思考力，判断力，表現力等」については観察，実験を通して「問題解決の力を養う」と示されています。また，「小学校学習指導要領解説　理科編」には，育成に向けた主な問題解決の力が下の表のように示されています。

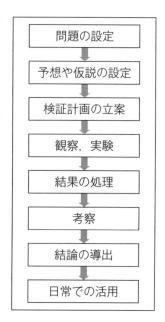

問題の設定

↓

予想や仮説の設定

↓

検証計画の立案

↓

観察，実験

↓

結果の処理

↓

考察

↓

結論の導出

↓

日常での活用

第３学年	**比較しながら調べる活動を通して** 自然の事物・現象について追究する中で，差異点や共通点を基に，問題を見いだし，表現すること。
第４学年	**関係付けて調べる活動を通して** 自然の事物・現象について追究する中で，既習の内容や生活経験を基に，根拠のある予想や仮説を発想し，表現すること。
第５学年	**条件を制御しながら調べる活動を通して** 自然の事物・現象について追究する中で，予想や仮説を基に，解決の方法を発想し，表現すること。
第６学年	**多面的に調べる活動を通して** 自然の事物・現象について追究する中で，より妥当な考えをつくりだし，表現すること。

思考力，判断力，表現力等に関する各学年で主に育成したい問題解決の力

これを問題解決の過程に当てはめると、学年ごとに「問題の見いだし」「予想・仮説の設定」「検証計画の立案」「考察」の４つの場面が順に示されていると捉えることができますが、もちろん問題解決の力は、該当学年のみで育成を目指すものではありません。小学校の４年間の理科の学習を通して意図的・計画的に育成を目指していくものです。さらに、科学的な言葉や概念を使用して考えたり説明したりする学習活動等を繰り返していくことにより、言語活動が充実していきます。その大本となる発問を発達に合わせて投げかけていくことで、「思考力、判断力、表現力等」の資質・能力が育成されていくことが期待できます。

 ## 導入場面

問題解決の入り口となる導入場面では、子どもが自然の事物・現象と出会い、そこから気づいたことや素朴な疑問などの「つぶやき」を教師が引き出していくようにします。

❶自然の事物・現象との出会い
まずは、子どもたちにとって興味・関心が高まる自然の事物・現象を準備しましょう。Ａ領域（物質・エネルギー）は主に自然の現象を見せたり体感させたりする活動を設けます。Ｂ領域（生命・地球）は主に自然の事物を見せます。直接見せることができない場合は写真や映像を提示します。その際に、教師は「どこをじっくり見せるか」「何に気づかせるか」といった子どもに着目してもらいたいポイントをあらかじめ押さえておくことが大切です。似ているけどよく見ると違うような比較できる２つの対象物、時間の経過によって変化する前後の現象を用意しておきます。そして、どのような学習問題に設定するかも明確にしておきましょう。

❷発問からつぶやきを拾う
授業で自然の事物・現象を提示しただけでは、子どもは自由な見方で対象を見てしまうため、多様な問いや疑問が生まれてしまいます。よって、ねらった問いや疑問にたどりつきにくくなる傾向があります。教師は導入となる教材を提示したら、意図した着目点に子どもが向かうような発問を投げかけるようにしましょう。導入では主に、

> 「違うところはあるかな？」「同じところはあるかな？」
> 「何が変わったかな？」「この後どうなるかな？」

といった領域や単元に即した発問が有効です。これまでいろいろな点に着目していた子どもたちは同じ見方で事物・現象に着目し、気づいたことをつぶやきます。教師はそのつぶやきを丁寧に拾います。それには問いや疑問につながるキーワードがたくさん含まれています。

❸演じながら発問する

　どのタイミングで教材を提示するか，隠すか，どのタイミングで発問するかも大事になります。導入は問いや疑問を見いだすだけでなく，子どもが興味・関心を抱いて学びに向かおうとする大事な場面です。教師は子どもの反応を楽しみながら，ときには演じることで発問の質が高まります。よりよい気づきや問いが後の問題解決学習の充実に大きく影響するのです。

 ## 問題の設定場面

　導入場面から得られた気づきや問い，疑問のつぶやきを教師は集約し，クラスで1つの問題にまとめていくようにします。その際にも教師の発問が大きな役割を果たします。

❶子ども一人ひとりが問題をもつ

　よく勘違いされるのは，いきなりクラスで1つの問題を見いだそうとすることです。子どもの思考を1つに絞りこむことは，結果，教師の強力な導きによるまとまりです。大事にしたいことは，まず「子ども一人ひとりが問題を見いだすこと」です。若干の言葉の違いは生じますが，導入で同じ見方で着目させていれば大それた疑問を抱く子はいません。それぞれが問題を見いだした後，クラス全体で共有し，クラスとしての1つの問題が立ち上がるように段階的な設定をしていくようにします。

❷気づきを自分事の問題文にする

　導入場面で子どもがつぶやいた気づきや疑問は，自分自身の問題としてまだ確立できていません。そこで，教師は，

> 「あれっ？　て思ったことはあるかな？」「どう感じたかな？」

と発問してみましょう。子どもは対象物を見て気づいたことやキーワード，思いを自分がこれから調べてみたい問題として文章化することができます。

❸自分の問題を共有し，クラスの学習問題をつくる

　自分事の問題が確立したら，友達が得た問題と照らし合わせていくようにします。

> 「自分の考えと友達の考えはどうかな？」「それは調べられるかな？」

　このような発問を通して，自分が得た問題を共有し合い，クラスで1つの問題となるよう促

していきます。必ずしも１つの問題にまとまらないこともあります。また，子どもによっては小学校で検証できないような問題を想起することもあります。子どもたちが調べたいことを整理していくと，問題は異なっても活動は同じ方向に向くことがあります。

　教師は導入で引き出した子どもの気づきや問いを可能な限り問題の設定に生かし，子どもが主体的に問題解決に向かえるよう導いていきましょう。

 ## 予想や仮説の設定場面

　問題を科学的に解決したり，探究したりする力を育成するためには，既習知識や生活経験を根拠にしながら，予想や仮説を立て，見通しをもたせることが大切になります。

❶根拠を明確にする

　子どもは問題に対して予想を立てます。その際，根拠のある予想になるよう自分の考えを詳しく記述させていくようにします。書きあぐねている子がいたら個々に，

> 「どうしてそう思ったのかな？」「前にどんなことを学んだかな？」

と発問しましょう。生活経験や既習内容を思い起こし，それが予想の根拠になるよう発問から話し合いを展開していくと，予想を立てた理由がはっきりしてきます。

❷予想を対立させる

　根拠のある予想を立案したら，友達の予想と照らし合わせてみる話し合いの活動を行います。そこで，教師は子どもの発言に合いの手となるような発問を加えていきます。

> 「～さんの意見にみんなどう思ったかな？」「予想が少し違う人はいるかな？」
> 「予想は一緒だけれど，理由が違う人はいるかな？」
> 「考えを少し変えた人はいるかな？」

　これらの発問は，友達の考えを聞くことで自分の考えを再考することができます。自分の考えに自信をもったり，考えを変えてみたり，新たな考えをつけ加えたり，更新したりすることにつながります。

　根拠のある予想をクラスで共有する活動によって，その後の観察や実験で，視点を明確にして取り組むことができるようになります。また，考察の場面で結論を導出する際に，予想や仮説に基づいて考え，活発な話し合いが期待できます。

違うところはあるかな

 発問のポイント

❶「違う」は人によって違う

　この発問は，問題の見いだしに向かう前，事象との出会いから差異点を見つける場面で効果を成します。時刻の違いや体積の違いなど，一目でわかる違いは誰しもが気づく共通の差異点になりますが，よく見ないとわからない違いは，人によって違いの気づきが異なります。電流の大きさや電磁石が引きつける強さなど，定量化することで違いが見られるものについては，検証を通して明らかにしていく必要があります。ここに問題の見いだしのヒントが隠れています。この発問を活用して，子どもに対象物をよく見るよう促し，細かな違いに気づけるようにしていきます。

❷質的な見方を働かせる

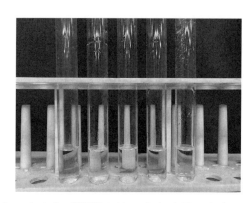

　子どもが問題を見いだす活動は，第3学年に限った活動ではありません。主体的な問題解決をすすめるにあたり，どの学年でも重要な活動になります。例えば，第6学年「水溶液の性質」では，導入場面で教師が複数の水溶液を提示します。子どもたちは水溶液の見た目で違いを比べていきますが，どれもほぼ透明なため，はっきりとした違いを見いだせません。そこで「違うところはあるかな？」と発問することで，水溶液をじっくり観察するようになります。すると「透明な液でもよく見ると色が違う」とわずかな違いを見つけます。また，子どもはにおいに違いがあることに気づき，これらの水溶液はそれぞれ違うものかもしれないと捉え，検証方法を考えていきます。

　このように，「違うところはあるかな？」という発問は2つ以上の事象を提示されていることが前提に立った発問になります。理科の資質・能力を育成するために十分な問題を見いだせるようにするためには，問題から逆算し，どんな事象を提示すべきか考えていくとよいでしょう。

発問を生かした授業例
単元名「電気の通り道」

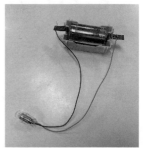

第3学年「電気の通り道」では，電気の回路について，乾電池と豆電球などのつなぎ方と乾電池の性質に着目して，電気を通すときと通さないときのつなぎ方を比較しながら，電気を通すつなぎ方や電気を通すものと通さないものについて学習します。教師は乾電池，豆電球，導線を使って明かりをつけます。子どもたちは明かりを見て，次のように発言するでしょう。

　C：乾電池と豆電球を導線でつなぐと，豆電球に明かりがつきました。

　C：乾電池と豆電球と導線があれば，明かりがつくんだね。

　そこで，乾電池と豆電球と導線はあるけれど明かりがついていないものを提示して，

違うところはあるかな？

と発問してみましょう。

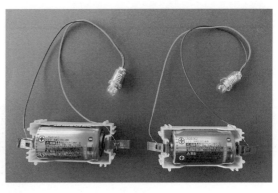

　C：明かりがついているものとついていないものがあるね。

　C：同じものなのに，どうして片方は明かりがついていないのだろう。

　C：見た目は一緒だけど，どこか違う？

　C：どこかつながっていないところがあるんじゃないかな。

　C：導線は乾電池にちゃんとついているよ。つなぎ方によってつく，つかないがあるのかな。

　T：みなさんの疑問をまとめましょう。

　C：明かりがつくためには，どんなつなぎ方をすればよいのか調べたいです。

　C：問題は"乾電池と豆電球を導線でどのようにつなぐと，明かりがつくのだろうか"。

　T：どのようなつなぎ方をすれば明かりがつくのか，予想を立てましょう。

　電気がついているか否かという見た目でわかるような「違い」とつなぎ方というはっきりとわからない「違い」を表出することができます。問題を見いだすときには，見てわかる「違い」と明確にわからない「違い」が組み合わさることでよい問題ができることが多いです。

どちらが長いかな

 ## 発問のポイント

❶長さについて差異点を見つける

　第3学年では，主に問題解決の力の育成に「差異点や共通点を基に，問題を見いだすこと」があります。この力を育成するためには，2つ以上の自然現象はどこが同じで，どこが違うのかを子ども自身が考えることが問題を見いだす第一歩です。実際の授業では，子どもが問題を見いだすときに，特に差異点を十分に出すことができるよう，教師が効果的な発問をしていきます。

　差異点の中でも，特に子どもが気づきやすいのは「長さ」です。どちらが長いのか，短いのかは漠然と子どもも気づいていることが多いです。それを明確にしようとする活動が問題解決になります。長さについて問いかけることで問題の見いだしの焦点化につながっていきます。

❷長さの規則性に気づかせる

　子どもが現象を見て「長さ」に着目して考えられる活動に第5学年「振り子の運動」があります。この単元では，主にブランコや振り子時計，手づくり振り子を活用しながら問題を見い

だします。音楽に合わせて振り子の動きを調整していくことで，振り子の周期を変えるのは振り子の長さ，おもりの重さ，振れ幅の何が関係しているのだろうと問題を見いだしていきます。活動中，振り子を体験している子どもに「どちらの方が振り子が長いかな？」と発問し，友達の振り子と，自分の振り子の様子を比較させるように問いかけることで，漠然とした比較ではなく，具体的な長さに着目するようになり，問題を見いだしやすくなります。

発問を生かした授業例
単元名「風とゴムの力の働き」

　第3学年「風とゴムの力の働き」では，ゴムを伸ばしたりねじったりすることでもとに戻ろうとする力や，風が押し流す力について，それらの力を利用した車などを活用して学習していきます。子どもは3年生になって初めて理科の学習が始まり，この単元がエネルギー領域では初の単元になります。子どもたちは，単元の導入で，手づくりのゴムで動く車を走らせていく中で，次のような素朴な感想をつぶやきます。

　　C：ゴールの前で止まってしまった。
　　C：ゴールを通り過ぎた！
　　C：どうすればゴールぴったりに止められるかな？
　再度，子どもがスタート地点でゴムを伸ばしたとき，

どちらが長いかな？

と子どもに発問してみましょう。

　　C：ゴールを通り過ぎてしまったときは，輪ゴムの伸ばし方を長くしていたと思います。
　　C：同じ車を使いました。はじめはゴールの手前で止まったけれど，2回目はゴールピッタリで止めることができました。

というように，はじめは思い通りに進んだことを素朴な感想として発表していた子どもたちが，輪ゴムの伸ばす長さに注目していきます。そして，

　　C：伸ばす長さを変えると，車が進む長さも変わるのかな。
　　C：長く伸ばすと，車は長い距離を進むと思う。

と，「輪ゴムを伸ばす長さを変えると，進む長さも変わる」という関係への気づきから問題を見いだすことが可能になります。「どちらが長いかな？」と問うことで，子どもから進んだ距離だけでなく，伸ばした輪ゴムの長さまで引き出し，関係性に焦点化できるようになります。

同じところはあるかな

 ## 発問のポイント

❶共通点が何かを考える

この発問は２つの事象の中にある共通点を子どもが見つけだす発問です。問題の見いだしにおいて大切なプロセスの１つに「共通点」を見つけることがあります。子どもは２つの事象を比べた際，差異点に注目し，共通点は軽視する傾向があります。なぜなら，子どもにとって変わったことを探すのは間違い探しの感覚でやりごたえがあるのに対し，同じものを探すという行為は，当たり前のことを見つける興味・関心のわかない活動に感じてしまうからです。しかし，共通点を明確にしないと一人ひとりの認識のズレに気づきづらくなってしまいます。そして，後の問題解決で定数は何か，条件制御は何かを明確にしきれずに進んでしまうことにつながります。差異点だけでなく，共通点もしっかり整理していくことが大切なのです。

❷あなどれない共通点を見つける

子どもが共通と判断する行為は，あくまで子どもの主観であることが多くあります。第３学年「物と重さ」では，身近なものを見たり，触ったり，持ったりしてみて，重さについて気づいたことを話し合う活動を通して問題を見いだします。ここで，同じ種類の空き缶をそのままのものと潰れたものの２つを提示し，共通点と差異点を見つけていきます。子どもは「形が大きく変わっているね」「形が違うのだから，重さも違うんじゃないかな」といった２つの事象の差異点ばかりに目がいってしまいます。しかし，ここで「同じところはあるかな」と発問することで，「同じ種類の空き缶なら，へこんでも同じ重さなんじゃないかな」という反対意見が出てきます。そうすることで，共通点と思う子どもと，そうではないと思う子どもの議論から問題を見いだすことができるようになります。

発問を生かした授業例
単元名「流れる水の働きと土地の変化」

　第5学年「流れる水の働きと土地の変化」
では，水量が変化したときの土地の変化につ
いて学習していきます。問題を見いだす場面
では雨が降っていない通常時の川と，増水時
の川の様子を映像資料などを用いて比べる活
動を行います。これらの事象を見たとき，子
どもたちからは，

　　C：川の水の色が違う！　Bの写真の方が
　　　　茶色く濁っている！
　　C：水の量が違う！　Bの写真の方が水位
　　　　が高くなっていると思う。
といったように，差異点についての意見がた
くさん出てきます。しかし，それだけでは子どもたち一人ひとりの考えは顕在化されません。
そこで，

同じところはあるかな？

と発問してみましょう。
　　C：Aの川もBの川も川の周りの岸の様子が同じです。
　　C：同じ地点で撮影したということだね。
　　C：同じ方向から水が流れてきています。
といった，クラスの多くが当たり前と捉えていることを確認することができます。そんな中，
　　C：Aの川とBの川の川幅が同じです。
　　C：そうかな？　Bの写真は増水しているように見える。川幅は変わっていると思う！
　　C：Aの川は右側に川原があるけど，Bの川はないよ。
といったように，みんなが違うと捉えているものに対して共通だという子がいます。一人ひと
りの認識に違いがあり，共通点と思っているものに違いがあることに気づいていきます。
　「同じところはあるかな？」という発問は，解決する問題の対象を明確にしたり，条件制御
の考え方を学んだりするだけでなく，クラス内の認識のズレを表出し，そのズレから問題を見
いだすきっかけにつなげることができます。

何が変わったかな

 ## 発問のポイント

❶明確でないものを捉える

　理科で扱う事象は可視化できるものとそうでないものがあります。可視化できないものは数値化することで比較することができます。例えば，電流の大きさであれば検流計で数値化します。気温を調べるには温度計などを用います。では，子どもたちは可視化できているものでも，現象を十分に捉えられているのでしょうか？　実は，意外と難しく，教師が視点を設けないと事象を明確に捉えられないことがあります。「何が変わったかな？」という発問には，視覚的に捉えられる現象を子どもが十分に捉えられるようになる価値があります。

❷現象の捉え直しを図る

　この発問は事象を十分に捉えることだけでなく，もう１つの価値があります。例えば，第４学年「金属，水，空気と温度」の「温度と体積の変化」では，導入で教師が試験管の先にシャボン膜を張り，試験管を握ることで空気を温め，膜がふくらむ現象を見せます。子どもは膜がふくらむことに驚き，何度も繰り返し見せることで，手を離すと膜がもとに戻ることにも気づいていきます。そのとき，「何が変わったかな？」という発問をすることで，「手で握ると，膜がふくらみ，手を離すと膜がしぼむ」と発表してくれます。しかし，この学習で，見いだしたい問題は「空気の温度が変わると，体積は増えるのだろうか」です。そのため，再度，同じ発問をしたり，他の意見を聞いたりすることで「膜がふくらむ」を「体積が増える」に変換した捉えができるようにしていきます。

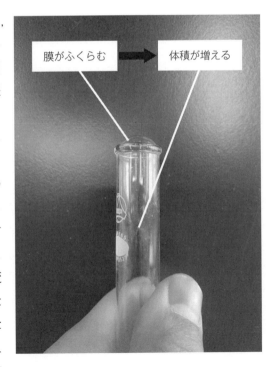

膜がふくらむ　➡　体積が増える

発問を生かした授業例
単元名「太陽と地面の様子」

　第3学年「太陽と地面の様子」では，日なたと日陰の様子に着目して，それらを比較しながら調べる活動を通して，日陰は太陽の光を遮るとでき，日陰の位置は太陽の位置の変化によって変わることを学習します。子どもは日常的に，校庭や公園で鬼ごっこなどをして遊ぶとき，影が自分の身体についてきていることを知っています。中には，日によって影の形が異なることに気づいている子もいます。しかし，影の形や大きさの変化が時間によって変わっていることに気づいている子は多くありません。午前と午後で「影踏み遊び」をしていたときの様子の写真を見たときに，

　C：木の横にいれば，自分の影がなくなって安全だよ。

　C：線の外に影を出してしまえば踏まれないね。

　C：午前のときと影の向きが違う。木の安全地帯がなくなっちゃった。

というように，多様な視点からの意見が出てきます。そこで，

何が変わったかな？

と発問してみましょう。

　C：午前と午後で影の形が全然違います。午前の方が小さかったな。

　C：午前と午後では影の向きが違いました。午前中は右を向いていたけど，午後は左を向いている。

　C：動画をよく見てみると，変わったのは影の形や大きさだけでなく，太陽の位置も変わっているかもしれない。

「何が変わったかな？」というシンプルな発問ですが，午前と午後の時間の変化と影の向きの空間的な変化を捉えることができ，子どもは時間的・空間的な見方ができるようになります。事象の差異点・共通点を整理する上で非常に有効な発問になります。

この後どうなるかな

 ## 発問のポイント

❶今，目の前にあるものの変化に着目する

　この発問は，問題の見いだしの前に行う共通点・差異点を整理する活動のうち，差異点を見つけるのに効果を成します。主に地球領域の単元において，時間的・空間的な見方を働かせたいとき，生命領域の単元で動植物が今後どのように成長していくか，粒子領域の質的変化などを提示した資料や体験では捉えきれない変化に着目させることができる発問です。

　また，現象が時間によって変化する様子について考える際に，子どもはすでに先の現象を予想しながら語りだすことがあります。そのようなときは「この後どうなるかな？」と発問して，自分の予想を表出させた上で，その予想はどのような問題からの予想なのかを問うことで，逆の思考をさせながら問題を表現させることもできます。

❷質的な変化を捉える

　子どもが現象をあますことなく捉えられるようになるには，様々な見方・考え方を自在に働かせることが大切です。例えば，第4学年「金属，水，空気と温度」の「水の三態変化」では，水を温め続けた様子から状態変化に着目して問題を見いだします。まずは熱していない常温の水を提示して，その後火をかけていきます。沸騰する前に一度火を止め，常温の水と火にかけて温めた水の違いを見つけていきます。沸騰する前の差異点は「湯気が出ている」「泡が少し出てきた」といった様子の変化を捉えられますが，その後どうなるのかについては着目しづらいです。「この後どうなるかな？」と発問して，目の前にある現象の先にまで考えを広げていくようにします。

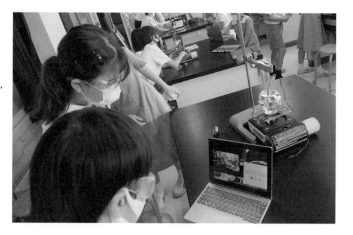

発問を生かした授業例
単元名「月と星」

　第4学年「月と星」の単元では，月や星の特徴について，位置の変化や時間の経過に着目して，月は日によって形が変わって見え，1日のうちでも時刻によって位置が変わることを学習します。子どもは第3学年「太陽と地面の様子」で時刻が変わると，太陽の位置に変化があることを学習した経験があります。上弦の月が南東の空にあることを観察します。

　　C：昼間にも月が見えるんだね！

　　C：満月の半分の形だね。

といったように，今の月の形や位置についての発言が積極的に出てきます。このときに，

南東の空に上弦の月が……！

> この後どうなるかな？

と発問してみましょう。

　　C：位置が変わるんじゃないかな。

　　C：月は動くから位置が変わるのは当然だよ。

　　C：時間が経つと，東に動いていくんじゃないかな。

　　C：いや，たぶん西に動いていくと思うよ。

　　C：太陽と同じ動きをすると思うよ。

　　C：東とか西とか，きまりがあるの？

　　C：月の形も変わっていくのかな？

　　C：どんどん満月になっていくと思うよ。

　　C：いや，どんどん細くなっていくと思うよ。

　　C：時間が経っても月の形は変わらないと思うな。

といったように，日が変わっていくことによる月の見え方の変化についても気づき，議論が生まれていきます。

　地球領域の授業では，発問から子どもたちの会話をつなげていき，時間の変化と空間的な変化の関係について問題を見いだすことができます。

どのように育っていくかな

 ## 発問のポイント

❶育ち方に着目させる

　本書で紹介する発問は，理科のどの領域でも使用できるものが多いですが，この発問は生命領域に特化した問いになります。対象物になる植物や動物，人がこれからどのように変化していくかに着目し，時間変化と形態変化について考える発問になります。

　昆虫の成長では，完全変態（卵→幼虫→蛹→成虫），不完全変態（卵→幼虫→成虫）のように成虫になるまでの過程について観察します。その際に，成長する速さや大きさ，昆虫の姿，形など，成長過程だけでなく形に対してもこの発問を行うことで，子どもたちの視点をより具体的にすることが可能になります。

❷時間変化と形態変化に着目させる

　提示する対象物によっては，子どもが昆虫や植物の成長に着目できないことがあります。例えば，第5学年「動物の誕生」では，メダカの卵を解剖顕微鏡や双眼実体顕微鏡などを用いて観察します。子どもは，顕微鏡を使うことで，肉眼では小さな球体でしか見えていなかった卵の中で息づく生命に感動します。その一方で，つい観察に夢中になり，卵がどのように変わっていくかまで考えが至らなくなります。

　その際に，「どのように育っていくかな？」と発問することで，時間変化と形態変化について考えを巡らすようになります。しかし，それには，子どもがメダカの卵を十分観察することができ，思考が十分に整理できていることが大切です。子どもが観察している対象物の成長や変化を考えるためには，これまでの観察を丁寧に行っておくことが大切です。

発問を生かした授業例
単元名「身の回りの生物」

　第3学年「身の回りの生物」では，生き物を探したり育てたりする中で，それらの様子や周辺の環境，成長の過程や体のつくりに着目し，昆虫の育ち方には一定の順序があることや，成虫の体は頭，胸，腹からできていることを学習します。子どもは，生活科の学習で，様々な昆虫を採取し，教室で飼育してきました。その経験を通して代表的な昆虫についてはある程度の知識を有しています。

キャベツの葉に，
モンシロチョウの卵が……！

　モンシロチョウの卵を見つけた子どもたちは，

　　C：卵を見つけたよ。

　　C：とっても小さいね。

　　C：卵から育てて見てみたいね。

と，目の前にある卵の色や形について詳しく調べようとします。ある程度調べる活動に目処がついたら……

どのように育っていくかな？

と発問してみましょう。

　　C：キャベツ畑には卵の他に，いろいろな大きさ
　　　　の幼虫がいたよ。だから幼虫も少しずつ大き
　　　　くなっていくんじゃないかな。

　　C：卵も幼虫と同じように大きくなっていくと思
　　　　う。

　　C：大きい幼虫の中から，モンシロチョウが出て
　　　　きて，飛び出すんじゃないかな。

と，今までの生活や卵を見つけた周囲の様子から，モンシロチョウが今後どのように育っていくのか，考えを巡らすことができるようになります。

　事象との出会いからの問題の見いだしでは，2つの事象の差異点・共通点を基にして問題を見いだすだけでなく，1つの事象が，時間が経つにつれてどのように変化するかに着目し，変化前と変化後の違いに着目しながら問題を見いだすことができます。

どのような姿をしているのだろう

 ## 発問のポイント

❶事象との出会いを素朴に捉える

　問題解決の過程の始まりは「事象との出会い」です。子どもが生き物や現象をキラキラとした目で見る姿はとても素敵です。「チョウがすごくきれい！」「アサガオがもっと元気に育ってほしいな」などのつぶやきは，問題解決を始めるエンジンになり，授業づくりをする上でとても大切な感性の言葉です。しかし，その情意面の表出を大切にするあまり，理科で大切にする「科学的」に問題を解決することから離れてしまうことがあります。子どもがより理科の見方・考え方を働かせて科学的に問題を解決できるようにするために，生き物や現象の素朴な捉えを科学的な捉えに更新していくようにします。そのために教師は「どのような姿をしているだろう？」と問い，形や様子を具体的に捉えられるように発問していきます。

❷見えないものを可視化する

　素朴な捉えからより科学的な捉えに更新することは生き物を扱う生命領域だけではなく，すべての領域で大切にしたい考え方です。第4学年「金属，水，空気と温度」の「温まり方の違い」においては，金属，水，空気を熱源に近づけたときにどのような温度変化が起きるかを学習しますが，そのどれもが温度変化を手立てなしで捉えることはできません。

　子どもたちは「寒い日にエアコンをつけても下はなかなか温まらなかった」などの生活経験から，ものの温まり方についての素朴な捉えをしています。「どんな姿をしているのかな」と問いかけることで子どもは見えないものを可視化しようとする視点をもって現象を見つめ，学習に取り組んでいきます。

　予想・仮説の発想の場面では，イメージ図を駆使して現象を実体的に捉えようとし，検証計画の立案では，温度変化と質的変化をいかに可視化させるかを議論することができます。

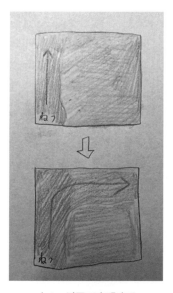

イメージ図で表現する

発問を生かした授業例
単元名「身の回りの生物」

　第3学年「身の回りの生物」では，学校や家の近くの生き物について，探したり育てたりすることで，それらの住んでいる環境と生物の関係を調べたり，成長の様子や体のつくりに注目したりしながら学習を進めていきます。子どもは，生活科の学習を踏まえて「生活科の見方」を働かせて物事を見ようとします。例えば，3年生になって初めての理科の学習，生物を観察する活動を行っているときに，

　　C：わぁ！　チョウチョだ！　かわいい！
　　C：ここにテントウムシもいるよ。
　　C：チューリップが咲いているよ。元気になってほしいから，水をたくさんあげたいな。

などといった，理科の見方というよりも，情意面に関わる子どもの発話だったり，生活科の見方を働かせた意見だったりが聞こえます。そんなときに，

　どのような姿をしているのだろう？

と発問してみましょう。

　　C：チョウは白いはねで，黒い模様がついていました。
　　C：テントウムシはあしが6本あるよ。
　　C：テントウムシをよく見ると目がある。
　　C：タンポポの花の色は黄色だね。
　　C：チョウのあしもテントウムシのあしも同じ6本だよ。
　　　　他にも同じところがあるんじゃないのかな。
　　C：他のチョウも，形は似ているけれど，模様はそれぞれ違っていたよ。
　　C：いろいろな黄色い花を見つけたよ。色は同じだけど，花びらの色が違っていたよ。

といったように，「色と形に注目しよう！」「生き物の似ているところと違うところを見つけよう！」などの働きかけをしなくても，自ら「共通性・多様性の見方」を働かせて生物を見るようになります。

　はじめは，漠然と生物を見つめ「かわいい・きれい」などといった感想を書く子どもたちも，このような発問の積み重ねで，より科学的な視点をもって学習に取り組むことができます。

あれ？ って思ったことはあるかな

発問のポイント

❶概念を崩す

　この発問は，事象との出会いの場面で，子どもがこれまで思い描いていた概念通りにならなかった驚きや疑問を表出させるために活用します。そのズレを基に子どもは新たな問題を見いだすことができます。子どもの思考に沿った主体的な活動を行うためのとても大切な発問です。実際，子どもは自分の間違いだったり，誤解を感じて「あれ？」と思ったりすることがあっても，それを他者がいる前では容易に表出しません。恥ずかしさもあり，表現しなくても授業は進んでいくため，次第にその思いは消し去られてしまいます。そこで教師が「あれ？　って思ったことはあるかな？」と問うことによって，新たな問題の見いだしはもちろん，個々に調べる小問題にまで広げることができます。「あれ？」と揺さぶられた子どもの考えをあえて取り上げ，価値づけてあげる行為は，子どもの興味・関心を高めます。教師は理科の授業を初めて行う日からこの発問を活用し，継続して働きかけていくようにするとよいでしょう。

❷先入観や先行知識を揺さぶる

　人は先入観をもって物事を見てしまう傾向があります。理科の授業は物事を科学的に捉え，論理的に判断する力を育てます。理科を通して子どもは「事実かな，印象かな」と先入観にとらわれず，科学的な根拠をもって判断しようとする態度が育まれます。例えば，第３学年「身の回りの生物」の「身の回りの生物と環境との関わり」では，昆虫などの動物は，花や草むら，土の中など，食べ物のある場所や，隠れることができる場所に多くいることを学習します。これまでアゲハチョウは校庭や道路でしか見たことがなかった経験から，理科の授業で草むらや木にとまっている姿を見て，「こんなところにもいるんだ」と先入観から違和感をもちます。このような違和感を積極的に表出できるクラスの雰囲気を大事にしていきます。

発問を生かした授業例
単元名「金属，水，空気と温度」

　第4学年「金属，水，空気と温度」の「温まり方の違い」では，熱の伝わり方に着目して，それらと温度の変化を関係付けて調べる活動を通して，金属は熱せられた部分から順に温まる，水や空気は熱せられた部分が移動して全体が温まることを学習します。子どもは第4学年の学習で温度変化に伴う様々な変化について関係を見いだしてきました。

　空気の温まり方を調べる場面で，

　　C：線香の煙は一度上に上がって，その後横に移動し，最後下に動いていたよ。

　　C：温まった空気はぐるぐる回転すると聞いたことがあるよ。

と考えている子どもが現象を見たときに，

あれ？　って思ったことはあるかな？

と子どもに発問してみましょう。

　　C：よく見ると煙は上の方にたまっています。ぐるぐる温まっているようには見えない。

　　C：上に移動するのは一緒だけど，そこからは下にいかないように見えたよ。

　　C：空気はぐるぐる回ると思っていたけど，どうやら違うみたいだね。

子どもは
左図のように，
温まった空気が
循環していると
思っていること
が多い。

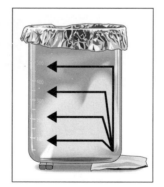
正しくは，
上図のように，
層状に上から
温まっていく。

　今までの先入観や先行知識で空気の温まり方に誤概念を形成している子どもは，授業中に現象を見ても，自分の考えに都合のよい方に解釈してしまうことがあります。「あれ？　って思ったことはあるかな？」と問うことで，煙の細かい流れに再度着目し，事実を基に考えることができます。

どう感じたかな

 発問のポイント

❶触覚に訴えかける

　道徳をはじめとした子どもの情意面に働きかけるような教科での「どう感じたかな？」では，物語やノンフィクションのエピソードを読み，感想を聞いたり，大切な考え方を引き出したりする活動を通して心情を読み取り，判断力や実践力を涵養していきます。

　一方，理科の授業での「どう感じたかな？」は，心に訴えかけるのではなく，五感の中でも触覚に訴えかけるような意味があります。事象との出会いの場面で「2つの事象のどちらが重いのか」や「どちらが温かいのか」「手応えがあるのか」など，定量的にはわからないけれど，触覚で違いが感じ取れるものを引き出し，諸感覚を生かした問題の見いだしができます。

❷感覚から定量的な比較へ

　子どもが自在に理科の見方・考え方を働かせるようにするために，教師は日頃から理科の授業の中で見方・考え方を働かせた活動を展開し，習慣づけることが大切です。例えば，エネルギー領域の「量的・関係的」な見方は，はじめから事象に対してそのような見方をもたせることは難しく，教師が視点を与えないと子どもは現象を漠然と捉えてしまいがちです。例えば，第6学年「てこの規則

性」で，はじめにてこを使って重いものを持ち上げると，てこの便利さに驚く姿が見られますが，現象を漠然と捉えてしまい，支点から力点の距離と手応えの関係や，支点から作用点の距離と手応えの関係に気づかないことがあります。「どう感じたかな？」と問いかけることで，手応えの変化に着目させて思考させることができます。手応えの変化についての発言が出たら，それを定量的に考えられるような働きかけをしていきます。

発問を生かした授業例
単元名「光と音の性質」

　第3学年「光と音の性質」では，音を出したときの震え方に着目して，音の大きさを変えたときとの違いを比較しながら，音の伝わりが震えと関係していること，音の大きさと震え方の関係について学習します。子どもは，これまでの生活の中で音に親しみ，物をたたいて音を出す経験があり，弾いたり，こすったりしながら音が出ることを感覚的に理解しています。

　授業で，楽器や身の回りのもので音を出す活動を行うと，子どもは，次のようにたくさんのたたく強さと音の大きさの関係についての意見を出してくれます。

　　Ｃ：たいこはやさしくたたくと音が小さいけれど，強くたたくと大きい音が出るね。

　　Ｃ：トライアングルやタンバリンも一緒で，たたく強さで音の大きさが変わるね。

　しかし，物が振動する様子についての意見はあまり出てきません。そこで，

どう感じたかな？

と子どもに発問してみましょう。

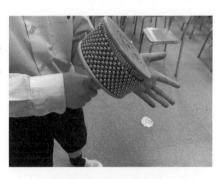

　　Ｃ：たいこをたたくとき，震えている感じがしました。

　　Ｃ：輪ゴムを弾いたとき，震えている感じがしました。

　　Ｃ：たたき方を変えたら，震え方が大きくなったように感じました。

　　Ｃ：触ったら震えているのがわかる。

　たたいたり，弾いたりしたとき，物が震えていることを共有することで，たたく強さと震え方の変化についての気づきも表出することができます。そうすることで，音の大きさと震え方の関係について問題を見いだしやすくなります。

　「どう感じたかな？」という発問には，楽しい活動に流され漠然と捉えてしまう現象に着目できるよさがあります。

自分の考えと友達の考えはどうかな

 発問のポイント

❶自分と友達の考えを比較する

　問題を見いだす際，考察や結論の導出と同じように事象を分析し，解釈します。差異点や共通点は何かを整理し，何が明らかになって何が明らかになっていないかを考えていく中で，問題を見いだしたら，子どもはそこで満足してしまう傾向が見られます。真剣に考え抜いたことで，やりきった思いがあるのかもしれません。しかし，提示された事象から見いだされるであろう問題は1つだけとは限りません。1つの事象から2つ以上の問題が見いだされることも大いにあります。また，子どもの考えが評価基準に照らして満足なものになっていないときもあります。「自分の考えと友達の考えはどうかな？」は，友達の意見と比べることで自分の考えを洗練させたり，改善させたりするきっかけになる発問になります。

❷必ずしも教師の働きかけが適切なわけではない

　机間指導の段階で，子どもが見いだした問題や考えを教師が見て，評価基準に照らして満足な記述になっていないと判断できることがあります。そのようなとき，「もっと～のように考えてみてはどうかな」など具体的なアドバイスをすることができます。しかし，教師からの働きかけが必ずしも子どもにとって適切かというと，そうではありません。一生懸命考え続けた子どもの記述は，教師の働きかけよりも，周りの友達の考えを参考にする方が効果的なことがあります。「自分の考えに足りないところはどこかな？」「自分の考えは十分かな？」と問いかけることで，友達の考えと比較するようになります。これは主体的に学習に取り組む態度の「自己の学習を調整する」力にもつながっていきます。

発問を生かした授業例
単元名「光と音の性質」

　第3学年「光と音の性質」では，光を当てたとき
の明るさや暖かさに着目して，光の強さを変えたと
きの違いを比較しながら調べ，日光が直進すること，
集めたり反射させたりすることができること，物に
日光を当てると，物の明るさや暖かさが変わること
を学習します。子どもは鏡が日光を反射させること
を日常生活で経験しています。

　授業で鏡を使って日光を反射させ，壁にある的に
当てるゲームをして問題を見いだしました。

　　C：鏡ではね返した日光は，まっすぐ進むのかな。

　　C：鏡ではね返した日光は重ねると，明るくなるのかな。

　このように活動で得られた差異点・共通点を基に個々の疑問を発表している中，

　　C：なんで鏡は日光をはね返すのかな。

といった検証が難しかったり，授業の文脈に合わなかったりする問題を見いだす子どもがいま
す。そんなときに，

自分の考えと友達の考えはどうかな？

と子どもに発問してみましょう。

　　C：みんなは日光について考えているのに，私は
　　　　鏡のことについて考えていたな。

　　C：実験ができるような問題になっていないかも。

　友達の考えと自分の意見を比較することで，見い
だした問題や考えを修正することができるようにな
ります。また，十分満足な問題を見いだしている子
どもは，他の友達の考えを聞き，もっとよくなるよ
うにアドバイスをすることも期待できます。

　教師は「もっとこうしてみては？」と直接的なアドバイスすることもできますが，それが必
ずしも効果的であるとは限りません。子ども自らが考えを洗練させたり修正したりできるよう
にし，友達の考えと照らし合わせるよさを味わわせていくようにします。

共有してクラスの問題をつくる ─────────

それは調べられるかな

 発問のポイント

❶問題の価値を問う

　この発問は，子ども一人ひとりが問題を見いだし，それをクラスで共有して問題が成り立つ場面で問うことができます。問題の設定とは，子どもが見いだした問題から，クラス全体で包括する問題は何か議論し，設定する活動です。そのため，見いだした問題を共有し，問題として成り立つか否かの判断を子ども自身に行わせていくようにします。なぜなら見いだした問題が検証可能でなければ，問題解決することができないからです。

　問題設定の場面では，子どもたちは議論を重ね，クラスで調べていく問題は何かを合意形成していきます。しかし，学年の発達段階，クラスの実態によっては検証可能な問題になっているのか判断が難しいことがあります。よって，ある程度，理科室の使用に慣れていたり，理科室の器具の用途を理解したり，どんな実験が可能なのかを経験から知り得ていくことが必要です。

❷「なぜ○○なのか」を回避する

　子どもが検証可能な範囲の問題を見いだせるようになるには，導入場面で教師が子どもに焦点化した視点を設けさせないといけません。例えば，第4学年「金属，水，空気と温度」の「水の三態変化」では，水の温度変化と状態変化について学習します。水を火にかけて沸騰させることについて，火にかける前の水と，火にかけたときの水を観察し，そのときの湯気の様子に着目させながら問題を見いだしていきます。子どもの中にはつい授業の文脈を鑑みずに，「なぜ，水は沸騰するのだろうか？」という問題を見いだすことがあります。そのときに，この発問は検証可能な問題なのかを子どもに問い返すことができます。このような「なぜ○○なのか問題」を見いだす子は，観察時に視点が定まっていないと判断できます。

発問を生かした授業例
単元名「電流がつくる磁力」

　第5学年「電流がつくる磁力」では，電流の大きさや向き，コイルの巻き数などに着目して，電磁石の性質について学習します。子どもは3年生で磁石の性質について学習した経験があります。例えば，磁石の性質と，電磁石の性質の差異点・共通点を基に問題を見いだす場面で，

　　T：どんな問題を見いだしましたか？
　　C：電磁石にも，S極やN極があるのだろうか。
　　C：電磁石が引きつけるものは，普通の磁石と同じなのだろうか。

という性質に着目した問題を見いだした一方で，

　　C：なぜ，電磁石はクリップを引きつけるのか。
　　C：なぜ，電磁石が熱くなったのだろうか。

と，見いだした問題が子どもたちには検証できないものであったら，

それは調べられるかな？

と子どもに発問してみましょう。

　　C：磁石の性質がなぜ起きるのかや，電磁石が熱くなる理由は，調べられないんじゃないかな。
　　C：これまでに行った実験と器具では調べられそうにないね。
　　C：電磁石はどのような性質があるのだろうかという問題ならみんなで解決できそう。

　理科室にあるものや，その器具の意味をある程度理解している5年生以上ならば，この発問で上記のように検証可能な問題は何かを判断することができるようになります。よって，この発問は特に高学年にとって効果的な発問といえます。3年生から「なぜ」が入った問題は解決しづらいものであることを実感させて，その素地を育成しておくことも大切です。

電磁石の問題の見いだしのイメージ図

電磁石にもS極，N極があるのだろうか

電磁石は磁石と同じものを引きつけるのだろうか

電磁石にはどのような性質があるのだろうか

電流の大きさと電磁石の強さは関係があるのだろうか

電磁石も，磁石と同じように離れていても鉄を引きつけるのだろうか

なぜ，電磁石は鉄を引きつけるのだろうか　　　なぜ，電磁石が熱くなるのだろうか

どうしてそう思ったのかな

 発問のポイント

❶予想させる

　理科の学習では，事象との出会いから問題を見いだし，それを共有することでクラスで設定した問題を解決していきます。そして，問題に対して個々がどのような考えをもっているのかを突き詰めるのが予想・仮説の発想です。この活動を丁寧に行うか否かで，検証方法の立案の場面，考察の場面に影響が出ます。主に第4学年において，問題解決の力の育成に「自然の事物・現象について追究する中で，根拠のある予想や仮説を発想し，表現すること」があります。問題に対して自分はどんな考えをもっているのかをここで表現します。問題によっては「ある・ない」といった対立する予想で済んでしまうこともありますが，予想の「ある」を個々で突き詰めていくと，それぞれが違った考えをもっていることが明らかになります。

❷根拠を明確にさせる

　子どもが根拠のある予想や仮説を発想することは，問題に対してどのように考えるかはもちろん，検証方法の立案がより明確になる大切な活動です。例えば，第4学年「天気の様子」の「水の自然蒸発と結露」では，水は水面や地面などから蒸発し，水蒸気になって空気中に含まれていくことを学習していきます。「水は，空気中に出ていくのだろうか」という問題を設定した場合，子どもは「空気中に出ていく」もしくは「空気中に出ていかない」と予想をします。そこで話し合いを止めると，どのような検証を行えばよいかはっきりしません。「どうしてそう思ったのかな？」と問いかけることで「水そうの水が日が経って減っていたのを見たから」「晴れた日に洗濯物がよく乾いていたから」という生活経験や既習の内容を基にした根拠を引き出すことができます。そのような経験をヒントにしながら検証方法を立案することもできます。

1週間後…

水槽内の水の
水位が下がった

発問を生かした授業例
単元名「天気の変化」

　第5学年「天気の変化」の「天気の変化の予想」では，雲画像やアメダスの情報から雨や風の強さを調べたり，インターネットや新聞などで台風がどのような動き方をするか調べたりします。これは春の天気の変化についてすでに学習した後の単元になります。

　問題を「台風が近づくと，天気はどのように変わるだろうか」と設定した場合，

　　C：雨や風が強くなると思います。

　　C：西から東に動くと思います

　　C：北海道辺りでなくなると思います。

というように予想を発表し始めたら，

出典：気象庁
URL：https://www.data.jma.go.jp/sat_info/
himawari/obsimg/image_typh.html#typh

どうしてそう思ったのかな？

と子どもに発問してみましょう。

　　C：台風が近づいているときに外へ出たら，風が強くて傘が使えなかったから，雨や風が強くなると思いました。

　　C：春の天気の変化を学習したときに，天気が西から東に変化しているといったから，台風も同じだと思いました。

　「どうしてそう思ったのかな？」と発問をすることで，生活の中での気づきや，既習事項を根拠に予想や仮説を発想することができるようになります。また，

　　C：以前，テレビの天気予報に台風の進路情報があった……。

　　C：新聞の記事で台風の進路や風の強さが載っていた……。

　　C：インターネットに台風が近づいている地域のことが載っていた……。

など，台風に関する情報を目にしたことがある子どもはそれを根拠に予想を立てることがあります。それらを調べる方法の手がかりにしていきましょう。そうすることで，子ども主体の学習活動が展開されていきます。

前にどんなことを学んだかな

 発問のポイント

❶既習の内容を確認する

　予想や仮説の設定の場面では，根拠を基に考えることが大切です。「ある・ない」などの2つから選ぶような問題であっても子ども一人ひとりがどんな根拠を基にしているかで違いが生じ，2択であっても多様な考えがあることがわかります。それらを表出することで検証方法の立案にも生かされ，より深い理解につながります。

　第4学年「月と星」の「月の形と位置の変化」では，単元のはじめに昼間に見える上弦の月などを用いて月の位置の変化を学習し「時間が経つと半月は東の方から南の方へ位置が変わる」ことを押さえます。その後の観察で，「どんな月の形であっても時間が経つと半月は東の方から南の方へ位置が変わる」ことを理解します。その際，前の時間に学んだ半月の位置の変化と同様に位置が変化するのかを基に学習を進めていくので，同単元であっても「前にどんなことを学んだかな？」と少し前の既習事項を問うことができます。

❷概念的知識を獲得する

　単元ごとに独立した学びになることがなく，蜘蛛の巣のように知識と知識をつなぐように獲得していくためには，これまでの既習の内容に立ち戻ることが必要です。第6学年「土地のつくりと変化」では，土地やその中に含まれているものに着目して，土地のつくりやでき方を学習していきます。地層を観察する際には，丸みをもったれきが含まれる層があります。そのとき，「前にどんなことを学んだかな？」と発問

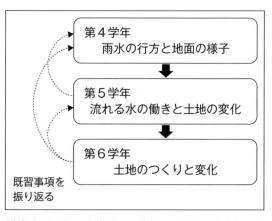

することで，子どもたちは第5学年「流れる水の働きと土地の変化」の単元で学習した川の石が侵食作用で丸みをもつことと，地層ができたときの土地の様子をつなげて考えることができるようになります。そうすることで，知識を概念的に獲得することができます。

発問を生かした授業例
単元名「天気の様子」

　第4学年「天気の様子」の「天気による1日の気温の変化」では，天気と気温の変化に着目して，それらを関係付けて，1日の気温の変化を調べていきます。子どもは第3学年「太陽と地面の様子」の学習で地面は太陽によって暖められ，日なたと日陰では地面の暖かさや湿り気に違いがあることを学習します。例えば，「天気によって，1日の気温の変化にどのような違いがあるのか」という問題を設定したとき，予想の場面で次のような予想が出てきます。

　C：晴れの日は，朝と昼で暖かさに違いがあるように思います。

　C：くもりの日では，朝と昼では大きな違いはなかったように思います。

　そのときに，

前にどんなことを学んだかな？

と子どもに発問してみましょう。

　C：3年生のときに，地面は日光で暖められることを学習したのを覚えています。

　C：日なたの地面の温度は，日陰の地面の温度よりも高くなることも学習しました。

　C：日なたの地面の温度は，日陰の地面の温度よりも高くなっていたから，気温は晴れの日の方が高いと思います。

　C：地面は日光で暖められていたから，気温も同じで日光が出たばかりの朝は気温が低くて，日光が出続けた昼は気温が高いと思います。また，くもりや雨は日光が出ていないので，気温が上がったり下がったりはしないように思います。

といったように，はじめは漠然とした予想でも，1年前の学習を思い起こし，関連付けながら自分の考えに理由をもつことができるようになります。

　「前にどんなことを学んだかな？」という発問によって，既習の内容を振り返り，それを根拠にした予想や仮説の設定ができるようになります。

友達の予想 ──────────────

〜さんの意見にみんなどう思ったかな

 発問のポイント

❶自他を高める発問をする

　「誰かの発表を聞いて，それについてどう考えるか」。この発問に対して一人ひとりの子どもの気づきは実に多様です。問題に対する予想・仮説を発想し，クラス全体で共有する際に，曖昧な考えを基にもっと掘り下げたら活発な意見交流が見込めそうなことがよくあります。この発問をすると子どもたちは「〜さんの意見は違うと思うな。だって〜だし……」といったように自分の意見と比べて異なるとき，なぜ異なるかをさらに深く考えることができます。他にも「〜の意見は自分と同じだと思う。聞いてさらに自分の考えに自信をもつことができた」といったように，友達の同じ意見を聞いて，さらに根拠が洗練されていくことも期待できます。このように「〜さんの意見にみんなどう思ったかな？」という発問は，他者の意見を聞いてそれを子どもが評価するのではなく，自らの考えをさらに洗練させることができるのです。

❷失敗を恐れない学級文化をつくる

　この発問をすることで，1人の子の意見が教室内で共有されることになります。これは先述した通り，思考を深める活動につながりますが，取り上げられた子どもの意見や本人を尊重する点において配慮を要します。子どもが立てた予想は，ノートや1人1台端末に記録されます。教師はその考えを読み取りますが，その子が自分の考えに「自信がある・なし」までを見取ることは困難です。自信がある子どもの意見ならばよいのですが，自信がない子の予想が共有され，他の子たちの考える材料になってしまうのはかわいそうです。まずは，みんなが失敗を恐れず，発表できる学習環境にしていきましょう。そこで自分の意見を改善し，思考を高めるきっかけにできる子を育てていきたいです。失敗を恐れないクラスの雰囲気づくりを日頃から行っていくことで，考えを発表した子，聞いた子の双方のためになる，学級文化にしていくとよいでしょう。

発問を生かした授業例
単元名「雨水の行方と地面の様子」

　第4学年「雨水の行方と地面の様子」では，自然界の水の様子について，気温や水の行方に着目して，それらと水の状態変化を関係付けて，水たまりなどの地面の様子の変化を調べていきます。子どもは第3学年「太陽と地面の様子」の単元で，地面は太陽によって暖められ，日なたと日陰では地面の暖かさや湿り気に違いがあることを学習します。例えば，雨上がりの校庭にあった水たまりが消えたことを話し合い，「水たまりの水はどこにいったのか」という問題を設定したとき，予想場面で次のような予想が出てきます。

　Ｃ：水は流れていってしまったと思うよ。

　Ｃ：地面は平らではなくて，少し傾いていたり，へこんでいたりしているからね。

　そのときに，

～さんの意見にみんなどう思ったかな？

と子どもに発問してみましょう。

　Ｃ：私も，そう思います。なぜなら，水たまりの近くに小さな川のようなものができていたからです。

　Ｃ：（私の考えと同じだ。よかった。なんか自信がもててきた。発表してよかったな。）

　Ｃ：（そうか，近くに川が流れていたのか。知らなかった。その川は予想の理由になる。今度よく見てみよう。）

　Ｃ：私は，違うと思います。水が地面にしみ込んでいるのだと思います。なぜなら，水たまりに流れがあったように思えなかったからです。

　このように，相手の意見と比べて，自信をもつことができたり，自分が違う立場をとっていることを再確認したりすることができます。

　これらの実践は，他者の意見を取り入れることの大切さを実感していたり，失敗を恐れない学級文化があったりすることが土台となります。他者の意見を求める発問を行うことで，はじめに発表した子どもは，他者からの意見でさらに考えを深め，洗練させたり，意見を修正したりすることが自らできるようになります。

友達の予想 ─────────────────

予想が少し違う人はいるかな

 ## 発問のポイント

❶少し違うを問う

　この発問は，問題を設定した後に子どもが予想・仮説を発想し，クラス全体で共有するときに活用します。この「少し違う」という言葉がキーポイントで，一見同じような予想をしている子どもたちの中の「違い」を表出させるために有効な発問です。この発問を有効に活用すれば，自ずとどんな観察，実験を計画すればよいかが明確になってきます。

　「少し違う」とは，どんな意味をもつのか。この言葉には「意見の方向性は同じだけれど，裏づける根拠や，具体的な量的関係，現象の若干の違い」という意味があります。この発問を通して，一人ひとりがどのように考えているのかを把握していきましょう。

❷予想は同じだけれど，根拠が違う

　２つ目は「予想はほとんど同じで，量的な関係に違いがあること」です。例えば，第５学年「電流がつくる磁力」の単元において，電流の大きさとクリップのつく数の関係を調べるときなど，独立変数と従属変数のどちらも数値化できるときに有効です。例えば，電流が強くなれば，クリップのつく数が増えますが，電流をどれくらい強く

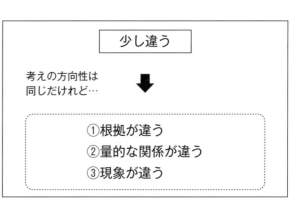

すれば，クリップのつく数がどのくらい変わるのかまでを調べようという場合などです。他にも，第５学年「物の溶け方」の単元では，水の温度とミョウバンの溶け方の関係を調べていきます。多くの子どもは「温度が上がると，ミョウバンの溶ける量が増える」と予想します。これでは，意見の対立が起きません。予備知識をもっている子どもを満足させられないと感じたら「予想が少し違う人はいるかな」と発問をしましょう。どのように溶けるかに着目させるようにし，比例関係だと考える子，そうではないと考える子で意見の交流が活発になります。

発問を生かした授業例
単元名「電流がつくる磁力」

　第5学年「電流がつくる磁力」では，電流の大きさや向き，コイルの巻き数に着目して，それらの条件を制御しながら，電磁石の性質について調べていきます。子どもは電磁石を体験し，3年生のときに学習した磁石の性質との差異点・共通点を基に問題を見いだして電磁石の性質を学習します。その後，さらに強い電磁石をつくりたいという思いから「電磁石が鉄を引きつける力を，より強くするには，どのようにすればよいか」という問題を設定して，学習を進めた場合，予想・仮説を設定するときに次のような声が上がります。

　　Ｃ：電池を増やすと電磁石はより強くなると思う。
　　Ｃ：電池のつなぎ方じゃないかな。
そこで，

予想が少し違う人はいるかな？

と子どもに発問してみましょう。そうすると，「少し」という言葉に合わせて，

　　Ｃ：電池を直列つなぎで増やすと，流れる電流が大きくなるから，電磁石の力が強くなるんじゃないかな。
といったように「電池の数（つなぎ方）」ではなく「電流の大きさ」に置き換えて考えられるような発言を引き出すことができます。他にも，

　　Ｃ：巻き数を増やすと，電磁石の力は強くなると思う。
　　Ｃ：鉄芯の太さも太くすると，強くなるんじゃないかな。
と，他の条件も予想する子どもが発表しやすくなったり，

　　Ｃ：電流の大きさや，巻き数，鉄芯の太さをどれくらい変えると，クリップがつく数はどれくらい変わるのかな。
といったような，それぞれの量的な関係を考える子どもも出てきます。塾などで先行知識を得ている子どもたちはそこまで思考を巡らせていないことが多いです。知識を有していても調べたい意欲を掻き立てることができます。クラス全体が同じ土俵に上がり，予想は白熱します。そして，より数値にこだわった実験を計画していくことができます。

予想は一緒だけれど，
理由が違う人はいるかな

 ## 発問のポイント

❶予想の根拠が異なる

　予想・仮説の発想では，未知の自然の事物・現象と既習の内容や生活経験とを関係付けることが大切です。授業においても，予想は必ず理由を加えるようにと強調して指導されていると思います。そんなとき，予想したことは同じでも，それを裏づける根拠が，子どもによって異なることがしばしば見られます。子どもたちは，問題が設定されたときに，まず思いつくがままに予想を立てます。そのときに明確な根拠がないことが多いです。予想を立ててから，それを裏づけるように根拠を探しているのです。自分だけでなく周りの友達や教師が納得いくような根拠は何かを考えると，クラスのみんなで学習してきた既習の内容を根拠にするのは有効ですし，生活経験で知り得たことを根拠にするのも有効です。その際，自分の根拠だけでなく周りの友達の根拠に耳を傾け，考えを共有することができる発問になります。

❷既習の内容と日常生活を根拠にする

　既習の内容と日常生活を根拠にすることは大きな意味があります。そして，一人ひとりが問題解決を通して獲得した知識を既習の内容と日常生活の両方を結び付けられるようになることに大きな価値を生みます。

　まず，既習の内容を根拠にすることで，問題解決を通して知識を獲得した場合に，今までの知識と獲得した知識を結び付け，

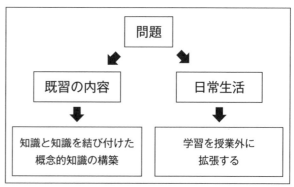

蜘蛛の巣のような概念的知識を構築していけるようになります。

　また，日常生活を根拠にするということは，現象を日常と結び付けて考えており，問題解決を通して，獲得した知識を理科の授業内にとどめることなく，日常生活にまで拡張させて考えることができるようになります。子どもは既習の内容と日常生活のいずれかを根拠にすることが多いですが，この発問を通して両方に考えが広げられるようにしましょう。

発問を生かした授業例
単元名「空気と水の性質」

　第4学年「空気と水の性質」では，閉じ込めた空気や水の
体積や圧し返す力の変化に着目して，それらと圧す力とを関
係付けて調べ，閉じ込めた空気を圧すと，体積は小さくなる
が圧し返す力は大きくなることや，水は圧し縮められないこ
とを学習します。学習前の子どもはボールを蹴ったときのへ
こむ様子を知っていたり，水鉄砲で水を飛ばす経験があった
りしますが，空気や水の体積変化についてまでは，考えが及
んでいないことがあります。「閉じ込めた水に力を加えると，
水の体積はどうなるのだろうか」という問題を設定したとき，予想場面では次のような予想が
出てきます。

　　C：前の学習で，空気は力を加えると，体積が小さくなったから，水も同じだと思います。
　　C：水鉄砲で水を飛ばしたときに，体積が小さくなるから勢いよく飛び出すんじゃないかな。
　　　　そのときに，

予想は一緒だけれど，理由が違う人はいるかな？

と子どもに発問してみましょう。

　　C：私は，水鉄砲で水を飛ばしたときのこと
　　　　を理由にしていたけれど，～さんは，前
　　　　の学習を理由にしていた。
　　T：同じ予想をしていた友達の理由を聞いて，
　　　　どう思いましたか？
　　C：友達の考えた理由もたしかにそうだと思
　　　　いました。
　　T：友達の理由もノートに書き記しておきま
　　　　しょう。

　予想や仮説の発想では，結論と同じ予想をすることが高い評価につながるわけではありませ
ん。既習の内容や日常生活を根拠に筋の通った予想・仮説を発想することに価値があります。
この発問は，予想の根拠をより洗練させるためのものですが，予想・仮説の発想場面だけでな
く，この問題解決で獲得した知識を他の知識と結び付けたり，日常との関連を図ったりするた
めにも十分な議論を重ねることが有効です。

友達の予想 ─────────────

考えを少し変えた人はいるかな

 発問のポイント

❶交流していく中で考えが変わる

　予想や仮説を発想する際には，既習の内容や日常生活を結び付けた根拠が大切です。根拠のある予想・仮説を子ども同士で交流するときに，AかBのどちらが正しいのかで揺らいでしまうことがあります。揺らいだままではなく，一度自分の立場はどちらなのかをはっきりさせるときにこの発問はとても有効です。この発問を問うことで，子どもはどれくらい自分の考えに自信があるのかを考えます。そして，自分の考えと根拠，他者の考えと根拠を比較し，どちらの方が合っているかを判断します。必ずしも考えを変える必要はありませんし，「少し」だけ変えるということもあります。この「少し」の意味は「おおまかな予想は同じだけれども，一部違うところがある」「予想は同じだけれども根拠が違う」「予想や根拠は同じだけれど，量的な関係が違う」などが挙げられます。これらの違いに焦点を当て，より自分の立場を明確にさせていきます。

❷予想や根拠は同じだが，量的な関係が違う

　先ほど，「少し」考えを変えることの意味の1つに「予想や根拠は同じだけれど，量的な関係が違う」があることを述べました。これは子どもの予想がクラスでほとんど同じだったり，塾や本などで先行知識を身に付けている子どもが多かったりしたときに有効です。例えば，第5学年「振り子の運動」

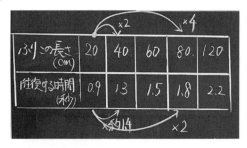

では，振り子の長さが1往復する時間に関係があることを実験を通して学習します。ほぼ全員が関係があると予想したときに，「関係があると仮定した場合，どのような変わり方をするか」を考えさせます。そうすることで，振り子の長さと1往復する時間の量的関係を予想し，クラスの中で違いが生まれ議論に熱が入ります。先行知識をもった子も，そこまでは考えが及んでいません。その場面で「考えを少し変えた人はいるかな？」と発問し，自分の予想にどれくらいの自信があるのか立ち戻らせ，自分の立場を明確にしていきます。

発問を生かした授業例
単元名「人の体のつくりと運動」

　第4学年「人の体のつくりと運動」では，人の骨や筋肉のつくりと働きに着目して，それらを関係付けて，人が体を動かすことができるのは骨と筋肉の働きによることを学習していきます。子どもは日常において，骨の存在や筋肉の存在については捉えていますが，骨と骨，骨と筋肉がどのようにつながっているかまでは実感していません。例えば，「腕の筋肉は，骨にどのようにつながり，どのように動くのだろうか」という問題を設定したとき，予想場面では次のような予想が出てきます。

　C：曲げられるように，たくさんの骨がつながっているんだと思うよ。

　C：筋肉は，骨の端についているんだと思うな。

　T：骨の端とは，どの辺りですか。ノートにかきましょう。

　C：私は，1本の骨の端についているんだと思います。

　C：ぼくは，2本の骨の端についているんだと思います。そうしないと身体が動かないように思います。

　そのときに，

考えを少し変えた人はいるかな？

と子どもに発問してみましょう。

　C：はじめは，1本の骨にだけついていると予想していたけど，2本の骨の端についていると予想を変えました。

　T：どうして考えを変えたのですか。

　C：○君の意見を聞いて，骨や身体を動かすのが筋肉の役割なら，1本だけについていたら動かすことはできないんじゃないかと思ったからです。

というように，考えを変えたことを発表するだけでなく，誰の意見を聞いて考えが変わったのか，どうして変えたのかについても引き出すことができます。そうすると授業者も正しく見取ることができる上に，クラスの他の子どもたちにとっても自分の考えと友達の考えを比較する習慣が身に付いていきます。

授業を高めるちょいテク発問①

今日は何について調べるのかな

 ## 問題を自分事にする

　教師がどんなによい発問をしても，子どもの聞く態度が整っていなければ意味がありません。生活指導とも関わってきますが，授業中は教師の振る舞いとともに，日頃から子どもが気持ちを切り替えられる環境をつくっておくことが大切です。特に，理科室は教室と違って机が対面であったり，椅子の形状が違ったりと，理科室ならではの指導が必要になります。大切なのは，子どもが授業で考えるべき問題を自分事として捉え，調べたい気持ちになっているかどうかです。この探究する気持ちが高ければ，子どもは教師の発問に反応し，期待する回答をしてくれるでしょう。

 ## 調べたい気持ちを引き出す

　第6学年「植物の養分と水の通り道」の授業を例に考えてみます。例えば午後の授業で，昼休みを終えた子どもたちは，学習することにやや気持ちが低下しています。
　C：サッカーで汗だくです。おなかいっぱいで眠いです。
　C：午後の授業はかったるいです。
　このように，学習に向かう態度が低いと感じられても，

> **今日は何について調べるのかな？**

とだけ，問いかけてみましょう。
　C：今日は植物の葉にビニルをかぶせて水滴がつくかどうかを確かめる日だ。
　T：前の時間のノートを見て，どんな問題だったかを確かめてみましょう。
　C：問題は「水は葉まで行きわたった後，どうなるのだろうか」です。
　C：どの葉にビニルをかぶせるか，植物を選んだんだ。早くかぶせたい。
　C：やることを思い出した。早くやりましょう！！
　理科は自然の事物・現象を対象物にします。それだけで子どもはワクワクする教科です。問題を振り返らせると同時に対象物に関わらせてあげることで，子どもが調べようとする気持ちは前向きになります。

第4章

検証計画の立案・
観察，実験・結果の
新発問パターン

問題解決ごとの発問②
検証計画の立案・観察，実験・結果

 ## 検証計画の立案場面

　自分が予想したことを確かめることができる検証方法を組み立てていきます。問題を科学的に解決する力や自然の事物・現象を科学的に探究する力を育成していくことができます。

❶子どもが立案できるよう支援する

　子どもたちによる話し合いを通して計画がつくられていく場面なので，教師は計画に沿った様々な発問を投げかけることができます。検証計画を組み立てる場面では主に

> 「どのように調べればいいかな？」「変える条件，変えない条件は何かな？」
> 「その実験，何回行えばいいかな？」「何に見立てているのかな？」

といった発問が挙げられます。条件に目を向けさせたり，問題や予想したことから逸れないように軌道修正してあげたりしながら，子どもが考えられる新たな情報を投げかけます。

❷さらに具体な発問で促す

　検証計画が組み立てられてきたら，さらに具体的な計画になるよう教師は各班に，

> 「他の班の計画はどうかな？」「どんな器具を使えばいいかな？」
> 「自分の予想が正しければ，どんな結果になるかな？」
> 「どうしてやってはいけないのかな？」

と投げかけ詳細で正確に活動を行うための具体や，観察，実験時に着目する視点を確認します。

 ## 観察，実験場面

　観察，実験の活動時は各班に適宜発問し，考察の見通しや目的意識を持続させていきます。

❶個々に沿った発問で着目を深める

子どもが対象に着目したら、さらに詳しく見たり、思考が広がったりできるよう、教師は、

「どこを詳しく見るのかな？」「どうしてそうなるのかな？」

と発問してみましょう。結論文を自分の力で記述できるよう支援していきます。

❷丁寧な観察、実験になるようにする

結果が得られたら、教師は本当にその結果でよいのかを発問で再検討させることができます。

「条件は整っているかな？」「よく見てかいているかな？」「他にもまだあるかな？」

と発問し、自分が行った検証が妥当かどうかを確認させていきます。また、正確で精緻的であるか振り返らせていきます。

 ## 結果場面

図や表、グラフを駆使し、結果を整理できるような発問、また、観察、実験中には気づかなかったことに気づかせる発問をします。

❶記録で頭を整理させる

記録させる際には、表し方や言葉の意味を問うていきます。教師は、

「その言葉はどういう意味かな？」「どのように表すといいかな？」

と発問しましょう。子どもの思考が整理されるとともに、相手に伝わりやすい表現になります。

❷検証の妥当性を問う

子どもは1つの結果で満足しがちです。すべての班の結果が得られてきた頃、教師は、

「他の班の結果はどうかな？」

と発問しましょう。子どもは自分の検証に自信をもったり、観察、実験を再度やり直したりしだします。

検証計画の立案 —————————————

どのように調べればいいかな

 発問のポイント

❶自分の予想が解決できるための検証方法を考える

　第5学年は，「小学校学習指導要領解説　理科編」において，問題解決の力の育成に「予想や仮説を基に，解決の方法を発想する」と示されています。教科書に書いてある方法・手順をそのまま実施するのではなく，子どもが予想したことを確かめられる観察，実験でなくてはいけません。条件を制御しながら調べる方法を子どもたちで立案できるよう教師は具体的な発問をしていくことが求められます。3・4年生は経験が未熟なため自分で検証方法を立案することは難しいかもしれませんが，5・6年生はこれまでに行ってきた観察，実験を基にしながら計画を話し合うことが可能になります。

❷これまでに行ってきた観察，実験を思い起こす

　一度経験した観察，実験は，新たな検証方法を考える際の土台になります。例えば，第4学年「電流の働き」で実験した乾電池の数とつなぎ方は，第5学年「電流がつくる磁力」の電磁石を強くするための実験に転移することができます。乾電池の数を増やしたりつなぎ方を変えたりしたときの磁力の強さを調べる方法は，4年生での比較した実験をそのまま生かすことができます。これまで行ってきた観察，実験を想起させながら新たに構想できる問いを投げかけていきましょう。

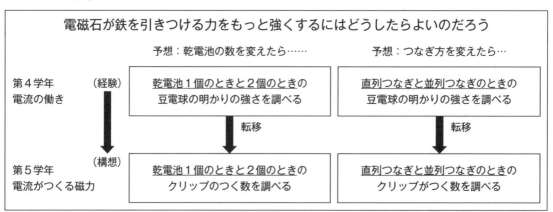

発問を生かした授業例
単元名「人の体のつくりと働き」

第6学年「人の体のつくりと働き」では，体内に酸素が取り入れられ，体外に二酸化炭素などが出されている呼吸の様子について調べます。

C：人が呼吸をするとき，酸素を吸って二酸化炭素を出すと聞いたことがある。人は体内にどのくらいの酸素を取り入れ，どのくらいの二酸化炭素を出しているだろう。

C：吐いた空気はすべて二酸化炭素じゃないの？

C：吸う空気には窒素も含まれているよね。窒素はそのまま吐き出されると思う。

C：吸った空気の酸素すべてが体内に取り入れられ，そのぶん二酸化炭素が出てくるのかな。

予想がまとまってきたら，

どのように調べればいいかな？

と子どもに発問してみましょう。

C：空気中の酸素と二酸化炭素の体積の割合の変化は「燃焼の仕組み」のとき気体検知管で調べたよ。今回もこの方法が使える。

C：吸う空気は大気と同じだから，「燃焼の仕組み」の授業で調べた窒素が約78％，酸素が約21％，二酸化炭素が約0.04％です。これは実験で確かめる必要ある？

C：吐いた空気だけを気体検知管で調べ，大気の気体の体積と比べればよいと思います。

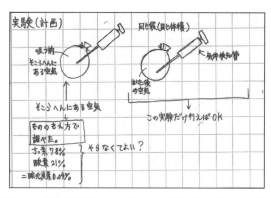

ノートの記録を振り返らせ，吸う前の空気の体積の割合を確認させます。吸う前の空気は大気の割合を既習していることから，実験は不要であると判断できます。教科書の手順に従うだけではなく，子どもたちで手順をつくる活動を大事にしていきます。

検証計画の立案 —————————

変える条件，変えない条件は何かな

 ## 発問のポイント

❶要因を複数つくる

第5学年「植物の発芽，成長，結実」では，発芽するための要因について追究します。変化させる要因と変化させない要因を制御しながら観察，実験を行います。授業では，発芽に影響を与えると考えられる要因について，既習の内容や生活経験を基にしながら想起していきます。ここで大事なのは，発芽するための要因が複数個あることです。条件制御は自然の事物・現象に影響を与えると考えられる要因が複数ある場

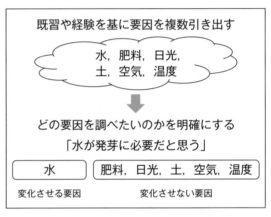

合に必要となります。その複数の要因のうち，自分がどの要因を調べたいのかを明確にさせることで，変化させる要因と変化させない要因を区別して考えられるようになります。

❷変化させる要因以外は，すべてそろえる

子どもに実験を自由に計画させた場合，条件に着目しながら計画を立てる力が身に付いていないと下図のような構想になります。「条件を整える」とは，「変化させるのは1つだけ。あとはすべてそろえる」ことを意味します。調べたい要因を変え，その他の要因はすべて同じにす

ることで，比較する対象が明確になり，何について調べ，そこから何がいえるかがはっきりします。

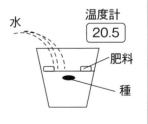

【予想】発芽には水，肥料，温度が必要だと思う

【実験の計画】
土に肥料を入れて，種を植える。
毎日水をあげながら，温度をはかる。
発芽したら，発芽には水，肥料，温度が必要だといえる。

条件制御できていない実験計画例

発問を生かした授業例
単元名「植物の発芽，成長，結実」

　第5学年「植物の発芽，成長，結実」では，秋頃に結実による実のでき方について調べます。子どもたち自身で実験計画が立てられるような時期でもあります。アサガオやヘチマなどを教材とし，受粉させる，させないときの実験手順について話し合います。

　C：もうすぐ咲きそうなアサガオのつぼみを2つ用
　　　意します。
　C：1つのつぼみのおしべをピンセットで取り除き，
　　　受粉させないようにします。
　C：おしべを抜いたつぼみに花粉が入りこむとよく
　　　ないので，ビニルをかぶせよう。
　C：もう1つのつぼみはそのままにします。
　実験の手順がまとまってきたら，

変える条件，変えない条件は何かな？

と子どもに発問してみましょう。

　C：変える条件は，おしべを取り除いて受粉させな
　　　い。変えない条件はおしべを取り除かず，その
　　　ままにして受粉させることです。
　C：あれ？　おしべを取っちゃうことで実にならな
　　　いかもしれないよ。
　C：「おしべを取る，取らない」「受粉する，しな
　　　い」の変える条件が2つもあるよ。
　C：両方ともおしべを取り除いて，条件を同じにしよう。
　C：花が咲いたらおしべの花粉を手でつけてあげればいい。その方が受粉させたとはっきり
　　　わかっていいね。
　C：こうすれば，変える条件は「受粉させる，させない」だけになるね。
　C：そうなると，おしべを取り除いた両方のつぼみにビニルをかぶせないといけないね。

　話し合いを通して条件を整えていくことで，実験の方法や手順を確立することができます。はじめは教師とともに整理していくようにし，慣れてきたら子どもに委ねてみるとよいでしょう。

検証計画の立案

その実験，何回行えばいいかな

 発問のポイント

❶実証性・再現性・客観性という視点をもたせる

　第3学年「風とゴムの力の働き」では，車をつくり，風を当てたときやゴムの力の働きによって車が進む様子や距離を比べます。3年生の子どもは，1回行えば結果が得られたと思いがちです。また，実験を複数回行うのは楽しいからであり，実証性や再現性，客観性といった意識で実験を行ってはいません。そこで，子どもたちに「その実験，何回行えばいいかな？」と発問することによって，問題を科学的に解決するための実験計画に欠かせない新たな視点を設けることができます。

> 実証性：考えられた仮説が観察，実験などによって検討することができること
> 再現性：人や時間や場所を変えて複数回行っても同一の実験条件下では，同一の結果が得られること
> 客観性：実証性や再現性という条件を満足し，多くの人々に承認されること

❷再現性と実証性を基に考察を深める

　ゴムを10cm伸ばしたときに車が進む距離について，同じ条件で7回実験したとします。この場合，「再現性が高い」とは車がここで止まると予想した位置で止まることではなく，車が同じ場所に集まっていることを示します。実験㋐は，予想していた位置に届かない位置に車が集まった結果です。これは実証性に欠けますが，何回実験しても，誰が実験しても同じ結果であるならば再現性が高いと判断できます。㋐は結果を事実と捉え，結果の予想と異なる原因について振り返ることができます。

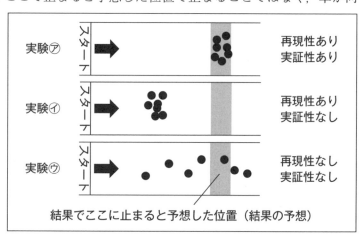

1つの班が条件を整えて，7回実験を行った結果

発問を生かした授業例
単元名「振り子の運動」

　第5学年「振り子の運動」では，実験計画の場面に重点を置き，子どもたちの力で実験の方法を話し合いながら組み立てていきます。

　T：振り子の1往復の時間を計るには，おもりを放したと同時にストップウォッチを押して，帰ってきた瞬間で止めます。

　C：それだと正しく計測できないと思います。

　T：算数の時間に学習した平均を求める方法がありますよ。

　C：10往復させた時の時間を計って，10で割れば1往復の時間を求めることができます。

　C：これなら実験できそう。

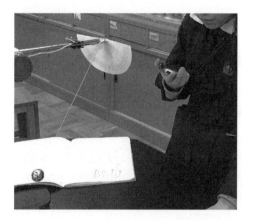

実験の方法が組み立てられてきたら，

その実験，何回行えばいいかな？

と子どもに発問してみましょう。

　C：1回？

　C：その1回が間違った結果だったらよくないよ。何回か実験してみないと正しいかどうか判断できないと思います。

　C：同じ条件で5回は実験してみるとよいと思う。

おもりを変えたときの10往復する時間
変える条件：おもり　　変えない条件：振り子の長さ，振れ幅

	10往復する時間	10往復する時間の平均	1往復する時間の平均
1回目			
2回目			
3回目			
4回目			
5回目			

　C：5回の結果がほぼ同じだったら，その結果は信頼できるね。

　C：5回実験した10往復の時間を合計して，5で割り，10往復する時間の平均を求める。その結果を10で割ることで1往復の時間が求められる。これは正確なデータになるのでは？

　C：他の班の結果とも比べてみて自分たちの実験が正しく行えていたかを確かめることができるね。データが多ければ多いほどいいんだね。

　教師は「再現性」という言葉は使いませんが，データがより正しくなり，信頼がもてることを意図しながら実験の精緻化を話し合いで高めることができます。

検証計画の立案 ─────────────────────

何に見立てているのかな

 発問のポイント

❶資料，モデル実験を活用する

　地球領域の単元では，学校で実際の対象物を扱った観察，実験ができないものがあります。代わりに資料を用いたり，モデル実験を行ったりしながら調べる学習を行います。

学年	単元	観察，実験が困難なもの	授業での対応
第4学年	月と星	・学校時間での夜間の月は観察困難 ・学校時間での星は観察困難	・保護者の協力を得て，各家庭で夜の月や星の観察を行う
第5学年	天気の変化	・日本全国の天気は観察不可能 ・台風の観察は危険	・インターネットや図書資料の情報を基に調べる
	流れる水の働きと土地の変化	・近隣に川がない ・川での観察，実験は危険 ・侵食・運搬等は時間がかかるため対象物での実験は不可能	・映像資料，写真資料の提示 ・モデル実験で対応
第6学年	土地のつくりと変化	・近隣に地層，火山，崖がない ・堆積や地層のでき方は時間がかかるため，対象物での実験は不可能	・映像資料・写真資料の提示 ・モデル実験で対応
	月と太陽	・月，地球，太陽の位置関係を対象物で実験するのは困難	・映像資料・写真資料の提示 ・モデル実験で対応

❷実際の対象物をモデルで見立てる

　高学年での実験では，モデル実験で検証する活動があります。その際に，モデルのパーツが実際の何にあたるのかを子どもと一緒に確認することが大切です。例えば，土地が堆積する様子を検証するモデル実験では，土や水を流す様子を川，水槽にためた水を海とそれぞれ見立て，川に流れた土が海に流れる様子をイメージして調べられるようにしていきます。

　モデル実験は小規模かつ短時間で結果が得られるメリットがありますが，子どもは土地が数年で形成されてしまうという錯覚を起こしてしまうことがあります。土地ができるまでの時間や月と地球の距離間など，膨大なスケールであることを指導しなくてはいけません。

発問を生かした授業例
単元名「月と太陽」

第6学年「月と太陽」では，月の見え方とそのときの月と太陽の位置関係について，モデル実験を通して推論していく活動があります。実験方法の組み立てを行う場面で，何を何に見立てているかを確かめながら計画を立てていきます。

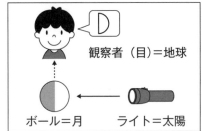

C：地球から見て，月と太陽がどのような位置のときに，半月になったり満月になったりするのだろう。

T：理科室で確かめられる方法はあるかな。

C：土地のつくりの堆積実験のときのように，モデルで実験できると思います。

C：理科室でボールをライトで照らして見え方を調べることができると思います。

月と太陽をボールとライトで代用する案が出てきたら，

何に見立てているのかな？

と子どもに発問してみましょう。

C：ボールを月に見立て，ライトを太陽に見立てます。

T：地球は？

C：地球に見立てられるボールを使わなきゃ。

C：ボールの見え方を観察する人の頭を地球に見立てているのだと思う。

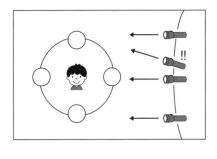

C：観察する人の頭より，どちらかというと，観察する人の目が地球かな。

C：目を地球だとすると，立っているその場の位置を動いたらいけないね。

実験の方法が固まってきたらライト（太陽）の光の当て方について考える場を設けます。

T：ライトを当てる人は動かなくていいのかな？

C：位置が動いていいのは月だけで，地球と太陽は位置を変えません。

C：太陽の光はまっすぐ当てた方がいいと思うので，ライトは月の位置に合わせて動かした方がいいと思います。

C：実際の太陽の大きさと違ってライトは小さいから，光の当て方を調整しないといけないんだね。

他の班の計画はどうかな

 ## 発問のポイント

❶同じ予想をもつ子で班を再編成する

　班だからこそ効果を上げることができる学びがあります。理科は予想の場面で子どもたちのいろいろな考えが提示されます。固定された班では、みんな同じ予想になるとは限らないため、自分の予想が解決できる検証方法が組み立てにくいことがあります。よって、理科では個々の予想を基に班を再編成し、同じ予想をした子たちで集い、各班の話し合いを活性化させていきます。

❷ホワイトボードを用いて構想する

　構想を視覚化して話し合うツールとして、卓上ホワイトボードが有効になります。

　マジックで観察・実験器具を図でかきながら話し合う小集団での話し合いは、1人の力ではなかなか発想できない子、考えても自信がもてない子、消極的な子でも思考することができ、話し合いに参加することができます。

　ホワイトボードはできるだけ文字を少なめにして、主に図でかくよう指導します。

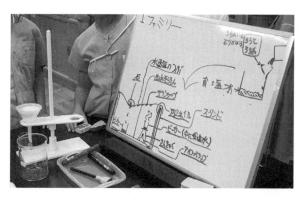

第5学年「物の溶け方」「海水から水は取り出せるか？」
予想したことを検証するために各班で組み立て実際に実験を行ってみる。

❸検証方法の質を高める

　子どもが班ごとに検証計画を立てたら、他班の計画と照らし合わせることで、立案・構想の質を高めることができます。自分と他者の意見を対比させ、受容したり批判的な思考を働かせたりすることで、検証方法を見直したり他班の検証方法に質問したりする活動ができます。これらは多面的な思考（多様な考えや意見）を引き出す思考の深まりに関わります。

発問を生かした授業例
単元名「金属，水，空気と温度」

　第4学年「金属，水，空気と温度」の「温まり方の違い」では，水の温まり方を調べるためにサーモインクを使って色の変化と温まり方の関係を調べます。その実験を基にしながら，発展的な学習として「水の冷え方」について考えました。子どもたちは水の温まり方の逆の発想で予想することができ，検証方法も前時を生かしながら立案することができます。同じ予想をもった子でホワイトボードを用いながら実験を組み立てました。

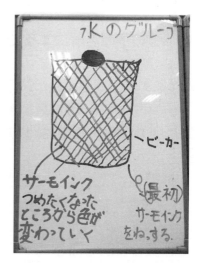

　C：温まった水は上に上がったから，冷たい水は下に下がると思う（予想）。

　C：実験ではサーモインクを使って色の変化を見よう。

　C：まず，サーモインクを熱して赤色にし，冷やす。冷えていくところの液体が青に変わるから，その様子を見ればいいね。

　C：冷やす物として保冷剤を使おう。

　C：保冷剤を上に置こう。冷たくなった水が下に下がるかどうかを確認できるね。あれ？　保冷剤はどうやって上に置くんだ？？

実験の方法が組み立てられてきたら，

他の班の計画はどうかな？

と子どもに発問してホワイトボードを黒板に掲示させましょう。

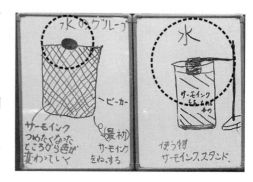

　C：あれ？　他の班は保冷剤をスタンドでつるしているよ。いい考えだ。

　C：だけど，保冷剤って水に浮くんじゃない？スタンドは必要ないと思う。

　C：氷が水に浮くのは見たことあるけど，保冷剤が水に浮くのは見たことないな。

　C：まずはやってみよう。浮かなかったらスタンドの案を借りよう。

　他班の実験方法から新たな考えを発想します。子どもたちが，「班で見合うからこそ考えが深まった」と実感できる必然性のある理科の班づくりを目指していくことができます。

検証計画の立案 ―――――――――

どの器具を使えばいいかな

 発問のポイント

❶自分の予想を解決するための適切な器具を選ぶ

　高学年になると，これまでの学習でたくさんの観察・実験器具に触れ，技能面においても操作の高まりを示します。そして，子どもたちは理科室のどこにどんな器具があるかも把握できるようになってきます。第5学年は，「小学校学習指導要領解説　理科編」において，問題解決の力の育成に「予想や仮説を基に，解決の方法を発想する」と示されています。子どもが予想したことを確かめるために，条件を制御しながら調べる方法を考えられるよう，授業で話し合う場が多く設けられます。その際に，子どもが学校にある観察・実験器具を想起し，子ども自らが選択しながら計画できることが大切とされます。

❷器具の役割を知る

　子どもが器具を適切に選択できるようになるには，子ども自身が器具の役割を理解していないといけません。例えば，第5学年「物の溶け方」で50mLの水に食塩10gを入れて溶かしたいとき，子どもは棚にあるビーカーを自由に選びます。大は小を兼ねるため，どのビーカーでも実験はできますが，50mLの水を効率よくかき混ぜるのに適した物はどれかを子どもに問うことで，ビーカーの大きさと使用について考えるよ

うになります。そして，次回から目的と器具の特性を合わせた器具選びができるようになるでしょう。このように，「どの器具を使えばいいかな？」という発問は子どもが知識とある程度の経験を有していることが前提にある発問となります。道具の役割を知り，正しく使うことができる技能は問題解決の大きな一助となり，子どもの探究心を高めることになります。

発問を生かした授業例
単元名「植物の養分と水の通り道」

第6学年「植物の養分と水の通り道」では，植物染色液で染めた茎の断面を観察したり，葉の表面の気孔の様子を観察したりします。子どもは第5学年「植物の発芽，成長，結実」や「動物の誕生」などで虫眼鏡やルーペ，顕微鏡，解剖顕微鏡，双眼実体顕微鏡を用途に合わせて操作した経験があります。例えば，葉の気孔について調べる活動では，次のような声が聞こえます。

C：葉に水滴がついていることがあるので，根から吸い上げた水は，葉から出ているのだと思います。

C：葉に出口があるとするならば，その穴はすごく小さいと思います。

そこで，観察方法がまとまってきたら，

どの器具を使えばいいかな？

虫眼鏡・ルーペ　主に10倍程度	肉眼で見えるものをより詳しく見るときに使用する
顕微鏡　40倍〜400倍程度	小さいものをより詳しく見たいときに使用する
解剖顕微鏡　10倍〜20倍程度	大きく見ながら操作したいときに使用する
双眼実体顕微鏡　10倍〜40倍程度	立体のものを拡大して見たいときに使用する

と子どもに発問してみましょう。

C：とても小さいので顕微鏡で見てみたいです。

C：まずは虫眼鏡でいいと思います。観察して見えなかったら顕微鏡で見るようにすればいいと思います。

気孔のサイズを知らない子どもたちは，見通しをもった器具の選定ができません。子どもがこれなら調べられそうだという器具を選ばせてあげましょう。

C：虫眼鏡だとよく見られなかった。

C：顕微鏡で見られそうだけど，厚みがあってきれいに見られません。双眼実体顕微鏡なら見られるかな。やってみよう！

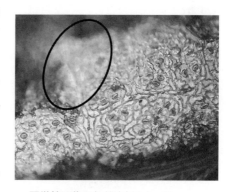

顕微鏡は葉のちぎり方によって，ピントがぼやけてしまうところがある

C：はっきりとよく見えるようになったけど，ちょっと小さいな……。

観察，実験はトライアル＆エラーの繰り返しです。子ども自身がこれなら解決できそうだと思う器具を選び，試行錯誤することで探究する力を伸ばすことができます。解決までに時間を要しますが，検証計画を子どもに任せてみる活動をぜひ授業に取り入れてみてください。

検証計画の立案 ────────────────

自分の予想が正しければ，
どんな結果になるかな

 ## 発問のポイント

❶観察，実験の着目すべきところを定める

　根拠のある予想を検証して確かめるための実験方法を組み立てた際，どのような結果になるかを予想させることが大切です。子どもが「自分の予想が正しければ，結果はこのようになるだろう」と予測することで，観察，実験の目的を明確にし，着目するべき視点が焦点化されます。

❷文脈をつくる

　第6学年「水溶液の性質」では，アルミニウムが溶けた塩酸を蒸発乾固して出てきた白い粉の正体について調べる活動を行います。白い粉の正体について，子どもは「アルミニウムである」「違う性質のものに変化している」と2通りの発想をします。白い粉に電気を通したり，磁石に近づけたりしながら予想したことを確かめます。結果の予想について，予想がある程度絞られている場合は「○○ならば，△△になるだろう」という文脈になります。一方，予想が立てられるが何か1つに絞られていない場合「○○ならば，現象Aなら△△といえる，現象Bなら□□といえる」という現象ごとにいえることが変わってきます。

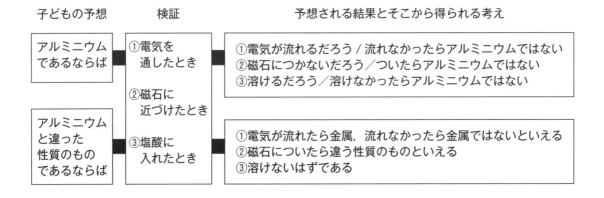

発問を生かした授業例
単元名「磁石の性質」

　第3学年「磁石の性質」では，磁石に引きつけられるもの，そうでないものについて，実際にいろいろなものに磁石を近づけながら確かめる活動があります。

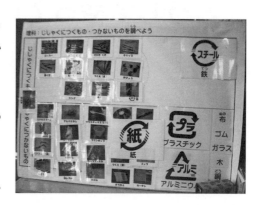

　C：いろいろなものに近づけたら，つくものとつかないものがある。

　T：どういったものが引きつけられましたか？

　C：木や紙やプラスチックや布はつかないみたいだ。

　C：キラキラしたもの，鉄っぽいものが金属につくのだと思う。

　子どもの予想や考えが絞られてきたら，

自分の予想が正しければ，どんな結果になるかな？

と子どもに発問して，子どもが考えながら実験できる環境をつくりましょう。

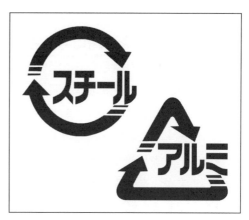

　C：磁石につくものが金属ならば，ジュースの空き缶はつくだろう。

　C：あれ？　つく缶とつかない缶がある。同じ金属なのにつくものとつかないものがある。

　C：どちらも見た目は同じだし，触った感じも同じなのになんでつかないんだ？

　C：実は違うものなのかな？

　C：あれ，よく見たらついた缶は「スチール」，つかない缶は「アルミ」って書いてある。「スチール」ってなんだ？

　T：スチールは鉄のことで，金属の仲間です。アルミはアルミニウムという金属のことです。

　C：磁石は鉄（スチール）にだけつくのかもしれない。金属でもアルミニウムはつかない。

　C：他にもあるかな。机の脚や，窓の枠組は金属っぽいな。

　T：自分の考えが正しければ，どんな結果になるかな？

　子どもは実験を通して，自分の考えを確かめると同時に考えを焦点化させていきます。教師は結果がどうなるかを問い続け，子どもの考えに確証と自信をもたせてあげることができます。

どうしてやってはいけないのかな

 ## 発問のポイント

❶意味を知る

　観察，実験を行う際，子どもに安全のための注意や自然環境への配慮について意識させる必要があります。これらは留意事項として教師が一方的に指導・伝達することが多いです。しかし，子どもにその注意の理由を聞くと「先生がやってはいけないといったから」と遵守する意味として捉えています。また，「けがをするから」という子もいますが，どのようにしてけがをしてしまうのかまで理解しておらず，漠然とした理由である子もいます。現象として何が起きるのか，どのような影響を及ぼすのかといった注意の本質まで考えられている子はそう多くないように見受けられます。

❷何が起きるかを一緒に考える

　第４学年「電流の働き」では，乾電池のつなぎ方と，モーターの回る速さや豆電球の明るさの関係について調べる際，子どもの試行錯誤を大事にした実験環境の場を設けます。教師は「電池の＋と－を一緒につなげないようにしましょう」と右図のような回路について指導しますが，クラスの数人は無意識にショート回路をつくってしまい軽い火傷をしてしまうことがあります。

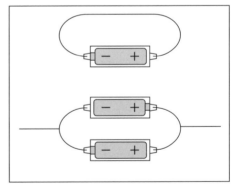

　回路をつくるときは，「電池だけをつなげた回路は発熱し，火傷することがある」といった現象や人への影響までを伝えるようにします。そして，子どもと一緒に「モーターや豆電球などを間に通さないといけない」という具体的な方法までを考えることで，より安全な実験が行えるようになります。注意しなくてはいけない意味を知ることで，子どもの観察，実験は安全を確保するだけではなく，操作手順が慎重になります。

発問を生かした授業例
単元名「植物の発芽，成長，結実」

　第5学年「植物の発芽，成長，結実」では，植物の花のつくりや結実の様子に着目して，おしべやめしべなどの花のつくりや，花粉の様子について顕微鏡を使って調べる活動があります。これまで，虫眼鏡や解剖顕微鏡，双眼実体顕微鏡を使った観察は行ってきましたが，顕微鏡の操作は今単元が初めてになります。

　T：顕微鏡を横から見ながら調節ねじを少しずつ回して対物レンズとスライドガラスの間をできるだけ狭くします。

　T：顕微鏡のレンズを見ながら対物レンズとスライドガラスを狭くしてはいけません。

　教師が観察，実験の操作手順を説明する際，注意事項に触れたら，

どうしてやってはいけないのかな？

と子どもに発問してみましょう。

　C：どうして顕微鏡を見ながら対物レンズとスライドガラスの間を狭くしてはダメなの？

　T：顕微鏡を横で見ながら調節ねじを回し，実際に対物レンズとスライドガラスを狭くしてみましょう。

　C：あれ，40倍の対物レンズをスライドガラスに近づけたとき，レンズとガラスが当たっちゃう。

　C：だから横から見て近づけるようにするのか。

　T：そうです。対物レンズが見たい物を圧しつぶしてしまったり，カバーガラスを割ってしまったりすることがあります。

　C：横で見ながら対物レンズとスライドガラスをギリギリまで近づけて，顕微鏡で見ながら遠ざけていくのですね。

　C：顕鏡中はレバーをどっちに回せばいいのだろう，確認しておこう。

　やってはいけない理由を知ることで子どもの注意力は高まり，正しい操作を行うことができます。自分で判断しながら操作する観察，実験は，正確な結果を得ることにもつながります。

観察，実験 —————————————————————————

どこを詳しく見るのかな

 発問のポイント

❶問題に立ち返る

　第3学年「身の回りの生物」の学習では観察活動に重点を置きます。昆虫や植物の体の同じところや違うところについて問題を基に観察する際，子どもが何に着目して比較しているかがポイントになります。子どもが観察する昆虫や植物は，多様な形や色，模様を示しています。その姿は大変美しく，子どもにとって魅力的です。さらに，調べたい対象の生物に出会えた感動，手にとって目に近づけながら見たときのドキドキもあるでしょう。こういった感性を働かせた観察はとても喜ばしいことです。しかし，きれいだな，捕まえられてうれしい，といった問題と直接関係のない感情が優先されてしまうことで，本来の問題が薄れてしまうことがあります。そこで，教師が発問を投げかけることで，子どもは問題に立ち返り，視点をもって観察することができるようになります。

❷比較材料を設ける

　理科の時間にいう「詳しく見る」とは，じっくり見る，隅々まで細かく見ることではなく，問題を解決するために，どこを見れば比較することができるかという，「視点を設ける」ことを意味しています。「どこを詳しく見るのかな？」という発問は，「どこを見ればクラスの問題やあなたの予想したことが解決できるかな？」という意味が含まれています。比較しながら似ているところ，違うところを見いだせるようにするために，その比較材料となる視点を明確にする発問になります。

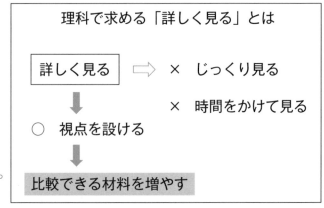

発問を生かした授業例
単元名「土地のつくりと変化」

第6学年「土地のつくりと変化」では，ボーリング試料を使って学校や近隣の土地の様子について調べる活動があります。ボーリング試料は深さごとに採取した土がサンプルケースに入れられ，それぞれにラベルが貼られています。

C：学校の地下の土地の様子がわかってきたよ。

C：学校の土地の下には３ｍも砂岩の層があるんだね。

教師は子どものノートの記録を見てみましょう。下図のように「岩石名」と「深さ」しか書いていなかったら，

どこを詳しく見るのかな？

と子どもに発問してみましょう。

C：土の色や粒の大きさも見るとよいかも。

C：よく見ると，同じ砂岩のサンプルケースでも，こっちのサンプルの土の色が少し濃い。

C：砂礫は細かい砂と大きくてゴツゴツした粒が混ざっているのがよくわかります。

C：シルトはすごく細かい粒でした。シルトは泥と同じかな。

岩石名と採取した深度しか記していない子は，土そのものに着目していない可能性があります

教師によってはケースから土を取り出して，指先の感触で土の粒の大きさを調べる活動も行います。この発問によって，子どもは問題に立ち返り，土の色，粒の大きさ等に着目し，調べる視点が定まることで充実した観察になります。大事なのは実物をよく観察することです。子どもはラベルの情報に加えて土そのものを観察し，土地の様子を詳しく記録することができるようになります。

観察，実験 ―――――――――――――――――――

どうしてそうなるのかな

 発問のポイント

❶トライアル＆エラーを大事にする

　子どもが計画した検証方法による実験活動は，必ずしも1回で納得のいく結果は出ません。実際に試してみることで見えてくることも多く，試行錯誤（トライアル＆エラー）することによって自分が納得いく結果を得ることができます。失敗の原因について考え，内容を修正して再び実験を行います。教師は，この繰り返しを行うことで経験を積み上げていく子どもの姿を見守るようにしていきます。うまくいくためのコツをすぐに教え助けてあげるのではなく，うまくいかない原因について考えることができる発問を促していきましょう。

❷観察，実験中の議論を考察に結び付ける

　問題解決の過程の流れ通りに授業を進めると，観察，実験の後に結果と考察の場面があり，そこで検証した結果を基に考えることになります。もちろん，思考の流れとしてはそれでよいのですが，実際の授業では，観察，実験中に子どもは結果をある程度見いだし，班の中で考察につながる会話をしなが

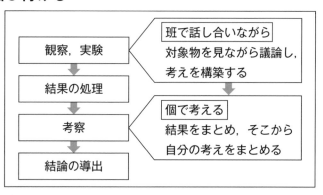

ら活動しています。事物，現象を見ながらライブで語り合える環境こそ詳細で確かな考察になるでしょう。

　子どもが立てた予想通りの結果になった班にも，教師が「どうしてそうなるのかな？」と問いかけることで，子どもは現象を見つめながらその仕組みや様子を語りだします。場合によっては足りない検証を始めたり，もう一度確認したりすることもできます。このようにして，子ども同士が交わした議論や再検証は後の考察で確かな文へ結ばれていきます。

発問を生かした授業例
単元名「電気の通り道」

　第3学年「電気の通り道」では，学習したことを生かしながら，豆電球と乾電池，導線，スイッチ等を用いた「ものづくり活動」があります。3つのスイッチをそれぞれ押すと，グー，チョキ，パーの豆電球の明かりが点灯する「じゃんけんマシーン」をつくりました。

　　C：グーのスイッチを押すとパーの豆電球も一緒
　　　　に点灯してしまう……。
　　C：私はグーのスイッチを押しても豆電球が光っ
　　　　てくれない……。電池がないのかもしれない。
　　豆電球が切れているのかもしれません。回路はあっていると思うんだけど……。
　　C：私は，スイッチを切ってもずっとグーの豆電球がついたままだ……。

　それぞれの子がつくる過程において異なる問題に向き合っています。教師がそのような場面に出会ったら，

どうしてそうなるのかな？

と子どもに発問してみましょう。

　　C：回路は合ってます。
　　T：スイッチのところはどうかな？
　　C：グーのスイッチを押したとき，パーのスイッチも一緒に押されていました。スイッチを
　　　　もっと離さないといけない。
　　C：スイッチをよく見たら，アルミニウムとアルミニウムがうまく噛み合っていませんでし
　　　　た。そこを直したらつくかな。
　　C：スイッチの仕組みが友達と全く違うつくりでした。アルミニウムを半分に折っただけで
　　　　はダメなのか。

　教師は経験があるため，子どものエラーをすぐに発見できます。電気に関するものづくりの多くは回路の有無，接触不良が原因です。「どうしてそうなるのかな？」に加えて「○○のところはどうかな？」と問いかけてあげることでエラーに気づきやすくなります。

条件は整っているかな

 ## 発問のポイント

❶実験を行って気づかせる

　実験の計画を入念に立てても，実際に実験してみることで気づく新たな条件制御があります。実験を操作しながら子どもたちで条件が整っていることを確認できるように育てていく必要がありますが，はじめは教師が声かけをしていかないといけません。

　第5学年「振り子の運動」では，振り子が1往復する時間はおもりの重さ，振り子の長さ，振れ幅が関係していると予想し，条件を制御しながら実験の計画を立てます。しかし，実験を行うと，様々な点で条件が整っていない様子がうかがえます。例えば，ストップウォッチを持って計測する子の位置が実験を行うごとに変わる。計測する子やおもりを放す子を班で分担制にしてしまい，実験ごとに違う子が行う。これらは結果が少しずつ変わる原因となります。子どもはこのような細かな条件にまで意識が向きません。そこで，教師は各班の実験が正しく行われているかを確認し，条件が整っているかどうかを振り返らせます。実験途中に発問することがポイントです。

実験を計画する場面で主に話し合われる条件制御と手順		実験を通して気づく条件の乱れ
変える	変えない	・計測する人が変わったり，計測の方法が変わったりする
・おもりの重さ／振り子の長さ	振れ幅	・おもりを放す人が変わったり，放すタイミングが変わったりする
・振り子の長さ／おもりの重さ	振れ幅	・カメラで記録する人の位置が変わる
・振れ幅　　　／振り子の長さ	おもりの重さ	
・計測の方法		

❷子どもたち自身で気づくようにする

　教師が整っていない条件を指摘し，正すのは容易です。しかし，子どもの意識は変わらず，時間が経つと同じミスを繰り返します。大事なのは，子ども自身に気づかせることです。子どもがこれまでの操作を振り返り，何がいけないのかを考える場を設けることで子どもの実験技能が育まれます。教師の発問はヒント程度にし，上手に導いてあげるとよいでしょう。

発問を生かした授業例
単元名「流れる水の働きと土地の変化」

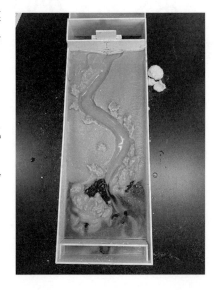

　第5学年「流れる水の働きと土地の変化」では，流水実験を行いながら侵食，運搬，堆積の様子について調べる活動があります。

　土を盛り，そこから水を流すと，土は削られたり積もったりするため，最初の流路と形状が変わってしまっています。実験計画を立てる時点では，条件制御の視点として気づきにくいポイントです。

　C：土を盛って，水を流し，どこの土が削られるか，どのように運ばれるか，どこに積もるかを調べよう。

　C：次に，水を多く流して，土の削られ方，運ばれ方，積もり方の違いを比べながら調べよう。

　一見，整った実験のように思えますが，

条件は整っているかな？

と子どもに発問してみましょう。

　C：水を多く流す実験は，水の量だけを変えて流し方や板の傾斜は変えません。条件は整っていると思います。

　C：あれ？　水を流した後にそのまま2回目の水を流したら，最初の土の状態と変わってしまっているのでは？

　C：1回目の実験の後に土を元に戻してあげないと，変えるものが水の量と土の状態の2つになって正しく比べられていないことになるね。

　C：水が流れる流路も同じにしないといけない。そんなのできるの？

　T：段ボールやスポンジで流路の型をつくって，それをたよりに土をなぞることで同じ流路になりますよ。

　はじめて行う観察，実験の多くは，実際に活動を行いながら条件が整っていないことに気づき，その場で計画を修正していくことがあります。その気づきも大事ですが，観察，実験計画の段階で教師が発問することにより，条件に着目した計画を立案することができます。そして，細かな点に目を向けた精緻的でより科学的な観察，実験を行うことができます。

観察，実験 ────────────────────────────

よく見てかいているかな

 発問のポイント

❶観察前に視点を設ける

　観察活動は見たものを絵で記録します。写真で記録する便利な方法もありますが，絵でかく活動は対象物を詳しく時間をかけて見ることができるので大事な活動です。第4学年「季節と生物」では，身近な動物の活動や植物の成長の様子と季節の変化に着目しながら観察を行います。ここで大事なのは，観察する前に，対象物の何について詳しく見るかをはっきりさせることです。ただ生き物を見つけても全体像をかくだけでは，活動や成長の違いに気づきません。子どもたちが野外に出発する前に，何に着目してどこを詳しく記録するか，長さ，色，触った感触，動きといった具体的な視点を与えるようにします。

	絵でかく	撮影する
長所	・対象物をじっくり観察できる	・一瞬で記録できる ・詳細まで記録できる ・動きも記録できる
短所	・色が限定される ・記録時間を要する ・指導が必要	・対象物をじっくり観察しなくなる

絵でかくか，写真で記録するか

❷観察中に声かけをする

　教室で観察する視点を確認し合っても，子どもは野外に出て観察活動を行うにつれ，その視点は薄れていってしまう傾向があります。子どもが問題意識を強くもっているかにも関係しますが，時間内にスケッチを完成させることに意識が傾き，対象物を注意して見なくなってしまうことがあります。子どものかく絵は実物と異なり，問題を解決するために見てほしいポイントが得られていないこともあります。教師は子どもの活動の様子を巡回しながら「よく見てかいているかな？」と発問し，「動きは？　長さは？」と子どものスケッチを見てさらに具体的な視点を与えてあげましょう。絵でかけないところは文で，文で表しにくいところは絵でかけるように記録する技能を高めていきます。

発問を生かした授業例
単元名「身の回りの生物」

　第3学年「身の回りの生物」の「昆虫の成長と体のつくり」
では，昆虫の体のつくりについて観察します。昆虫の成虫の体
は頭，胸，腹の3つの部分でできていること，胸には3対6本
のあしがあり，はねがついているものがあることなどの体の特
徴を比較しながら捉えていきます。

　「虫の体のつくりはどのようになっているのだろう」という
問題をもち，子どもはアリを捕まえて，虫眼鏡で観察しながら
体の様子をスケッチをします。

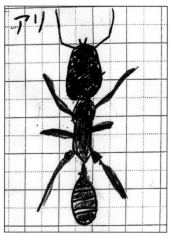

子どもがスケッチしてきたもの

　C：先生，アリを見つけてかきました。頭，胸，腹が3つに
　　　分かれていました。あしは胸から6本出ていました。触
　　　角がありました……これでいいですか？

　たしかに，問題に沿った観察を行い，体のつくりがわかる丁
寧な記録になっているのですが，

よく見てかいているかな？

と子どもに発問してみましょう。

　C：よく見てかきました。

　T：ほんとかな？　アリのあしはこんな形をしているかな？
　　　もっと詳しく見てかいてごらん。

　C：あっ，よく見ると折れ曲がっている。先がギザギザして
　　　いる。前足と後ろ足で長さも違う。

　C：触角とあしが似ている。

　T：頭，胸，腹，あしの位置と数はよく見てかいていますが，
　　　細かいところまで見ると新しい発見がありますね。ノー
　　　トの空いているところにかき足しておくといいですよ。

発問後の子どものスケッチ

　3年生の子どもたちは，昆虫の体の頭，胸，腹は丁寧にかけ
るのですが，飽きてしまうのか，あしは線のみで乱雑になってしまいがちです。よく見るとあ
しにも節があり，ギザギザしているなどの特徴を見つけだすことができるので，詳しいスケッ
チになります。3年生でも視点を与えることで丁寧に描くことができ，その技能は以後の観察
活動に生きていきます。

観察，実験 ——————————————————————

他にもまだあるかな

 発問のポイント

❶サンプル数を増やす

　理科の観察活動では，対象物を探す活動が多くあります。一度の観察で目的に適した対象物がたくさん見つかれば，確証性の高さが示されます。例えば，昆虫のあしは胸から6本出ていることを確かめる観察で，1種類の昆虫を見つけて確かめたときの納得より，10種類の昆虫を見つけ，そのすべての昆虫の胸からあしが6本出ていることを確かめた方が，事実を明らかにする根拠となるものが多くなり，より確かな信頼がもてるようになります。

❷1つの結果で満足させないようにする

　子どもは1つの結果が得られると満足し，解決した気になります。また，1つの結果で結論づけてしまうこともあります。第4学年「天気の様子」の「水の自然蒸発と結露」では，保冷剤や冷たい水の入ったコップを置き，そこについた結露の有無を観察し，目に見えない水蒸気が存在していることを確かめます。子どもは教室で観察を行い，結露の存在によって「空気中には水蒸気がある」と結論づけます。しかし理科室での観察だけで「空気中」といいきってよいのでしょうか。他の室内の空気，野外の空気なども調べ，総合的に判断しないといけません。そんなとき，「他にも（調べるべきところは）まだあるかな？」と問いかけることができます。

調べたところ	教室
水蒸気があるかないか	○

結論：空気中に水蒸気が含まれている
　　　―確証性がない―

→

調べたところ	教室	階段	廊下	校庭	玄関
水蒸気があるかないか	○	○	○	○	○

結論：空気中に水蒸気が含まれている
　　　―確証性がある―

❸もてあました時間で探究に向かわせる

　観察，実験の進め方は，子どもによって短時間で済ませてしまう子もいれば，じっくりと時間をかけて行う子もいて様々です。活動時間をじっくり活動する子に合わせると，早く終わってしまった子は時間をもてあますことがあります。そのようなときはさらなる発見ができるよう，「他にもまだあるかな？」と問いかけ，詳細な観察，実験ができるようにします。

発問を生かした授業例
単元名「てこの規則性」

　第6学年の「てこの規則性」では，身近なてこを利用した道具を調べ，その道具に支点，力点，作用点のマークをつけながら，てこの規則性がどのように利用されているかを調べます。

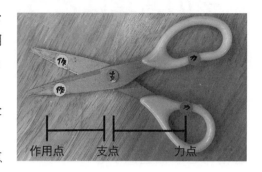

作用点　　　支点　　　　力点

　はさみの部位に支点，力点，作用点をマークした子がいました。

　　C：見つけました。はさみの支点，力点，作用点
　　　　をマークしました。

　1つの道具を見つけて結果が得られたと満足している子がいたら，

他にもまだあるかな？

と子どもに発問してみましょう。

　　C：はさみに似た道具ならあると思う。

　　T：例えばどんなもの？

　　C：ペンチが似ているかな。

　　T：同じかどうか，実際のものを見つけてマーク
　　　　してみましょう。

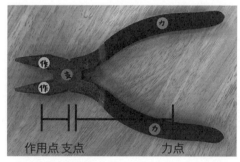

作用点 支点　　　　　　力点

　　C：ペンチははさみと比べると支点と作用点の距
　　　　離が短くて，支点と力点が長い。力を加えな
　　　　いといけない道具だから，作用点－支点－力
　　　　点の関係がこのようになっているのかもしれ
　　　　ない。

　　T：植木ばさみも形が似ていますよ。

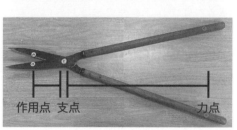

作用点　支点　　　　　　　　　力点

　　C：植木ばさみは，はさみやペンチよりももっと
　　　　強い力を加えるため，支点と力点がすごく長くなっているのがわかります。

　　C：同じような形をしたはさみでも用途によって作用点－支点－力点の関係が違うんだな。

　子どもが観察，実験の結果に満足している状態で「他にもまだあるかな？」とだけ発問しても，「ない」の一言ですまされてしまいます。新たな発見につながる導きを教師が会話を通して続けていくことで子どもの探究を継続させていくことができます。

その言葉はどういう意味かな

 発問のポイント

❶情報を取捨選択する

　図書資料の活用やネット検索をする調べ活動があります。最近では子どもが観察，実験を行いながらネット検索する行為も見られます。そんな中，子どもにとって難しい資料や情報を得てしまうことがあります。大事なのは，その情報のどの部分を自分の情報として取り込むかです。自分にとって必要な情報を切り取り，ノートにまとめたり，ホワイトボード機能に貼り付けたりする活動ができるようにしていくことで，探究活動が深まり，情報活用能力の習得にもなります。

❷読めない言葉を自分の言葉に直す

　子どもはネット上の読めない言葉，意味のわからない用語をそのまま引用し，難しい言葉のまま発表で用いる傾向があります。教師は子どもが調べる様子を見守り「その言葉はどういう意味かな？」と問いかけていくようにします。その言葉をさらに検索して読み方や意味を調べていく方法を子ども自身で行っていけるようにしていきます。ネットは，言葉を選択して検索するだけでその意味を知ることができる便利な機能があります。友達に説明して理解してもらえるような優しい言葉や文に直すことで，自身の認識を深めることができます。

> 「消化」について検索した文章をそのまま引用する
> 「一般的な意味での消化は，生物が自分の栄養源となる体外の有機物を吸収するために，より低分子の状態に分解することである」
> （ウィキペディア フリー百科より）
>
> 教師：「その言葉はどういう意味かな？」
>
> 子ども（他者）がわかる言葉に直す
> ・自分の栄養源となる体外の有機物→食べ物
> ・低分子の状態　　　　　　　　　→小さい状態
>
> ノートに自分の文でまとめる
> 「消化は，自分の栄養となる食べ物を吸収するために，より小さい状態に分解することです」

発問を生かした授業例
単元名「生物と環境」

　第6学年「生物と環境」では，生物と水，空気との関わりについて調べる活動があります。「人間は呼吸の他にどのくらいの二酸化炭素をつくり，出しているのだろう」という学習問題をつくり，調べ活動を行いました。子どもはインターネットを用いて産業などによる二酸化炭素の排出量の資料を見つけ，ノートにまとめながら発表の準備を進めています。

　子どものまとめた文章を見て，「推移」「排出量」「人為的」という言葉が気になったら，

その言葉はどういう意味かな？

と子どもに発問してみましょう。

C：「排出量」は「出す量」ってことでしょ？「推移」は……どういう意味だろ。

T：ネットで調べてみたらどうかな？

C：「推移」は，「時が経つにつれて状態が変化すること。移り変わっていくこと」だから，二酸化炭素の部門別の排出量の移り変わりってことかな。何の移り変わりだ？

T：ネットの情報では，年代による排出量の移り変わりってことかな？

> CO₂の部門別排出量の推移 (約12367000)
> 万t
> ① 産業部門　430万トン
> ② 業務その他部門　281万トン
> ③ 運輸部門　222万トン
> ✿CO₂排出量増加の主な要因
> 経済成長と人口増加
> ✿2010年度の人為的な原因による温室効果
> ガスの直接排出量

C：そうです。私たちは二酸化炭素の量について調べているので，推移じゃないね。ネットのテーマをそのまま使っていました。言葉を変えよう。

C：「人為的」は，「人の手が加わっていること」だ。こっちの言葉の方がわかりやすいね。

T：ノートの言葉はそのままでいいので，発表のときはわかりやすい易しい言葉にしてスライドにまとめたり言えたりできるといいですね。

　子どもは資料の文を自分の言葉に直しながらノートなどにまとめる作業を一度には行えません。はじめは文章をそのまま引用して記述し，ノート上で自分の文にまとめていけるよう段階を踏んでいくとよいでしょう。

どのように表すといいかな

 発問のポイント

❶データを視覚化する

　観察，実験で得られたデータ（結果）は，子どものノートに図表などでまとめて「見える化」していくようにします。図表にまとめる活動は自分の考えの方向性を固め，考察場面での思考整理に役立てることができます。また，考えたことを発表する際，相手に視覚でわかりやすく伝えることができます。どのような手法で記録をまとめていくか，どのようにしたら見やすいかを子ども自身が選択してまとめられるよう日々の学習から指導していくとよいでしょう。

❷表を基にグラフ化する

　エネルギー・粒子領域における観察，実験は数値で結果を示すことが多くあります。よって表にすることで比較できたり，規則性が読み取りやすくなったりします。さらに，その表を基にグラフ化し，視覚で表現することができます。グラフに表すことで，数値比較では読み取れなかった現象の傾向が見えてくることもあります。最近ではタブレット端末の表計算ソフトを活用し，自動でグラフ化させて読み取る活動も主流になってきています。

班	おもりの重さ (g)	1往復する時間
1	10	2.1
2	10	2.2
3	15	2.1
4	15	2.1
5	20	2.1
6	15	2.1
7	20	2.1
8	10	2.1

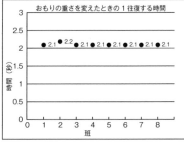

８つの班のデータを共有して
１つのグラフに表すこともできる

❸比較できるスケッチにする

　生命・地球領域における観察，実験は主にスケッチで記録する活動が多くあります。見たままを記録していくことはもちろん大事なことですが，比較できるスケッチを意識させ，同じ角度，同じ大きさに統一してかくようにします。また，文で書けないことを絵で，絵でかけないことを文で書くように促すことで子どもはまとめやすくなります。タブレットで撮影する際にも，比較できる写真になるよう撮影の仕方を見守っていくようにします。

発問を生かした授業例
単元名「月と星」

第4学年「月と星」では，月の動く様子について観察します。夜の月の動きを調べる場合は各家庭での観察になります。よって，観察記録のとり方を事前に学校で指導しなくてはいけません。

C：家で，6時と7時の月の位置を観察します。

T：空の月の位置はどのようにして決めますか？

C：横の位置は方位磁針を使って東，南，西で位置を決めることができます。高さは……。

T：高さは拳を重ねて調べる方法がありますよ。

C：2回とも同じ位置で観察しないといけません。

T：校庭で方位磁針の使い方と，校舎の高さを拳ではかって練習してみましょう。

C：これで観察ができる！

観察の方法が固まってきたら，

どのように表すといいかな？

と子どもに発問してみましょう。

C：月の位置を記録しなくてはいけないので，方位と高さがわかるようにかかないといけないと思います。

C：ノートの横線の中心は南がいいかな？　南東かな？

C：拳1個の高さはノートのマス目4個分にしよう。

C：あれ？　ノート1枚に6時と7時の月がかけるかも。その方が比べられるし記録も簡単だ。

T：みんなでかき方を統一すれば，学校でみんなの記録を見合いながらまとめることができますね。

T：（後日）記録に時間はあるけど，日にちがありませんね。これではいつの観察かわかりませんよ。

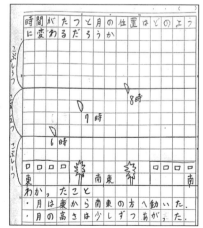

記録の仕方を子どもたちと確認していくことで，観察，実験方法の立案がより詳細になり，考察場面で役立てられます。

他の班の結果はどうかな

 発問のポイント

❶多面的に考える学習環境をつくる

　観察，実験を各班で行い，それらの結果が正しいか否かを子どもが判断できるよう，結果を多面的に考えていけるようにしていきます。自分の班の結果だけでなく，他班の結果も取り入れながら，何がいえるか，どこまでいえるかを判断できるようにします。考察場面でも結果を共有することはできますが，観察，実験を行いながら共有できる学習環境を設けることで，その場で操作の修正ができます。

❷共通の検証結果で他班を意識させる

　クラスで各班共通の観察，実験を行った場合，他班の結果と比べることで自分の観察，実験が妥当であったと判断することができます。また，複数の結果から再現性，実証性を得ることができます。さらに，異なる結果を得てしまった場合は検証方法や操作を振り返ることができます。

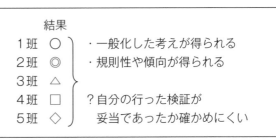

❸班ごとに違った検証結果を意識させる

　各班それぞれが得た複数の結果を基に，一般化した考えをもつことができたり，規則性や傾向を見いだしたりすることができます。よって，より高次な結論を得ることができます。しかし，自分が行った観察，実験の妥当性について検討しにくい点があります。

発問を生かした授業例
単元名「動物の誕生」

第5学年「動物の誕生」では，メダカの卵の成長について観察します。各班が観察した卵の成長過程は異なるため，顕微鏡で観察した卵の中の様子は様々です。班ごとに2つの卵を観察させました。

C：この卵は魚の形をしている。

C：こっちの卵は丸い泡みたいのしかないよ。これから魚のような形になっていくのかな。

自分の班の2つの卵を比べ，成長している様子を確かめることができましたが，

他の班の結果はどうかな？

と子どもに発問してみましょう。

C：あれ？ 私の班の卵と全然違う。

C：私の班の2つの卵の，中間にあたる成長の姿かな。

C：（顕微鏡を指さし）1，2，3，4の顕微鏡にある卵の順番で成長していくのだと思う。

C：こっちの班の卵も，また形が全然違う。

C：みんなの顕微鏡を並べていいですか？

T：もちろんいいですよ。

C：この卵は，この顕微鏡とこの顕微鏡の間に入るかな。

C：この卵は隣の顕微鏡の卵よりも成長していると思うから交換しておくよ。

C：この顕微鏡は他の卵と見え方が違う。倍率と絞りをみんな一緒にしようよ。

C：顕微鏡を順番に見ていくと，だんだん成長していく様子がわかるよ。おもしろい!!

各班のスケッチを並べてみたが，よくわからない

班で協力して実物を並べるとよくわかる！

それぞれが異なる結果を共有させていくことで，1つのメダカの成長過程を追うことができます。他班で情報を公開し合うことで多面的に考えることができます。

授業を高めるちょいテク発問②
あと何分必要かな

 ## 子どもの没頭を大事にする

　子どもが探究に向かったとき，教室は集中した空間になり，子どもは黙々と調べだすことがあります。教師はそんな子どもの姿に喜びを感じつつも，授業時間のマネジメントをしなくてはいけません。いつまで観察，実験をさせてあげようか。この後の，結果の整理，考察，結論，片づけまで何分必要か……。子どもの没頭は大事にしてあげつつ，どこかで区切りをつけないといけません。そんなとき，子どもと時間の約束をすることで，活動に目処をもたせることができ，限られた時間で集中した取り組みを行うようになります。

 ## 要求された最大時間の半分を与える

　第6学年「生物と環境」では，顕微鏡を使って微生物の観察をします。顕微鏡の観察は子どもを夢中にさせ，いつまでも顕鏡していたくなります。池の水の小さな生き物をもっと見つけたい，小さな生き物の動きをずっと見ていたい。そんな気持ちが伝わってきます。

　C：ミジンコ見つけたよ。中に卵がある。図鑑で見たのと同じ形だ。

　C：もっと見つけたい！

　子どもは夢中になってきたけれど，次の活動にも移りたいと感じたときは，

> あと何分必要かな？

と問いかけてみましょう。

　C：5分！　10分！　20分！

　T：では，あと10分あげますね。その間に記録もしっかり行っておいてくださいね。

―10分後―

　T：時間です。観察の結果から考えたことをまとめましょう。話し合ってもいいですよ。

　C：先生，もっと見ていたいです。

　T：では，放課後に顕微鏡を使える時間をつくりますから，理科室に来ていいですよ。

　C：わーい，絶対行きます!!

第5章

考察・結論・活用の
新発問パターン

問題解決ごとの発問③
考察・結論・活用

 考察場面

　考察場面では，観察，実験から得られた事実と，そこから考えられる解釈の2つの要素を分けて考えていかなくてはいけません。事実とは，観察，実験で起きた自然の事物・現象であったり数値であったりします。全員が同じ判断ができることが前提となります。理科の問題解決で求められる解釈とは，自分の問題や予想に対して結果（事実）を基にしながらわかったことや考えを修正しなくてはいけないことを振り返ることです。その認識や理解は人によって様々であるため全員同じと限りません。解釈だけを記述しても，何をいっているのか伝わりません。事実を基に解釈したことがいえるように育てていくようにします。

❶問題や予想は何だったのか振り返る

　観察，実験の結果を得て満足してしまう子がいます。そこで，教師は学級で見いだした問題や予想を思い起こせるよう，考察に向かう発問を投げかけるようにしましょう。考察では主に，

> 「結果からいえることは何かな？」「予想は確かめられたかな？」
> 「考えを変えるところはあるかな？」「そこまでいえるかな？」

といった発問があります。自分はこれまでどのような問題（目的）で観察，実験をしてきたのかを振り返らせることで，考える観点を与えます。そして，自分の予想も振り返らせましょう。はじめに立てた予想が合っていたか，間違っていたかだけではなく，自分の考えに修正をかけることが考察での大きなポイントになります。

❷自分の行った観察，実験は妥当だったか振り返る

　観察，実験がそもそも正しく行えていたかを振り返ることも考察です。理科の授業ではA班だけ違う結果になってしまったというケースがあります。この場合，A班だけ事実と異なると判断しがちですが，A班が得た事物・現象も立派な事実なのです。大事なのはA班だけ結果が異なってしまった原因を振り返ることです。観察，実験の方法や操作が他班と違ったのか，記

録の仕方が違ったのかなどを突き詰めていきます。これも解釈となり考察になります。

> 「どうして結果がみんなと違ってしまったのかな？」

と発問を投げかけ，各班の実験の妥当性を検討させます。ときにはＡ班の実験操作が正しく，他班の結果が間違っていたということもあります。

結論場面

考察で話し合ったことを基に，結論をまとめることで問題解決のゴールとなります。

❶みんなで共有し，納得する

考察場面で納得できたことを基に，クラスで共通の問題に対してその解決となる文をつくります。子ども一人ひとりの考えを共有できるような発問を投げかけていきます。教師は

> 「自分の考えは友達の考えとあっていたかな？」「この結論でみんないいかな？」

と発問してみましょう。結論文を自分の力で記述できるよう支援し，クラスみんなが納得できる学習のまとめを行っていきます。

活用場面

問題解決の過程を終えたとき，また，単元の終了時に，さらに探究したくなる発問を投げかけ，自然や科学に対する子どもの興味・関心を持続させることができます。

❶生活の場でもやりたくなる

子どもに新たな状況や課題を投げかけ，考え続けたり調べたりするきっかけをつくります。

> 「新たな疑問はあるかな？」
> 「今日学んだことは，生活のどんなところで役に立っているかな？」

と発問しましょう。授業が終わっても学び続けようとする態度をもたせたり，学んだことが生活に生きていることに気づかせたりする大事な発問です。子どもの授業後の感想文や家で書く日記がより具体的になり，主体的に学びに向かう態度を見取る一助になります。

結果からいえることは何かな

 発問のポイント

❶事実と解釈を分けて考える

考察場面で子どもは観察，実験の結果を基にしながらいえることについて考えます。この場合，実験方法と結果が「事実」，自分の考え（いえること）が「解釈」にあたります。しかし，ノートを見ると，結果と自分の考えが混同した文が見られます。右図のノートのように，事実と解釈を分けて記述できるよう育てていくことで自分の考えを明確にするとともに，相手にも伝わりやすいまとめになります。

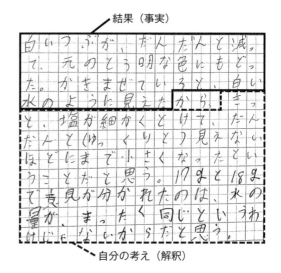

結果（事実）

自分の考え（解釈）

❷「結果から〜」という言葉に重点を置く

　子どもが筋道を立てて理論的に考察できるようにするために，教師は発問を工夫していかなくてはいけません。「何がいえそうかな？」という発問では，自分の考えだけをノートに記述してしまいます。考察だけを記述しても，初めて読む人には伝わりません。文章が多少長くなっても，実験方法や結果を書き，その事実から何がいえるかを書くことで，自分の考えを読み手に納得させることができます。考察は大きく３つの要素に分けることができます。「実験方法」「実験結果」「解釈（結果からいえること）」です。教師はこの要素が記述できているかを見ていくようにします。「結果からいえることは何かな？」という発問は，事実を基に考えることができる具体的な発問になるのです。

　考察は，問題と正対していないといけません。今，調べている問題は何か，自分が立てた予想と結果を比べてどうだったかを振り返ることで，考察として考える内容が定まってきます。

発問を生かした授業例
単元名「月と太陽」

　第6学年「月と太陽」では，ボールを月，ライトを太陽に見立て，ボールがライトの光に照らされる様子とそのときの位置関係を調べます。このモデル実験を基に，実際の月に照らされる形と太陽，地球，月の位置関係を推測していく活動があります。

　「月の形の見え方が日によって変わるのはどうしてだろうか」という問題で実験を行い，結果を図にまとめながら考察します。

　　C：ボールは満月になったり，半月になったりすることがわかりました。

　　C：ボールの位置を変えることで光る形が変わります。

　これらは，結果（事実）のみを語っている子の発言や，問題と正対して考えていない子の考察です。このような話し合いや記述が見られたら，

結果からいえることは何かな？

と子どもに発問してみましょう。

　　C：ボールの位置をボール－人－ライトの位置にしたとき，ボールが全て輝いているように見えて満月にそっくりでした。なので，満月のときは，月－地球－太陽の位置関係になっているといえます。

　　C：人－ボール－ライトの位置にするとボールはすべて影になり輝いていません。これは月でいうと新月といっていいのかな。

　月と太陽のモデル実験はボール，人，ライトの位置を変えるごとに1つの結果を得ることができます。一つひとつの結果から実際の月と太陽の位置と見え方を考察していけるようにし，結果を総合した考察として「月の形の見え方は，月と太陽の位置関係が変わるからである」と解釈することができます。

考察 ——————————————————————————

予想は確かめられたかな

 発問のポイント

❶照合させながら思考する

　考察では問題に立ち返り，その解決に向けて考えていきます。そして，事実を基に解釈したことを分けて表現していくようにします。その際に，自分の立てた予想を振り返っているかが鍵となります。理科授業の問題解決は，設定した問題と結論が正対していないといけません。そして，結論に至るための考察では「予想や仮説の設定」「検証計画の立案」「観察，実験の実施」「結果の記録，整理」を照合させながら考えることで考察しやすくなります。

❷自分の立てた予想を振り返る

　「自分が予想で考えていたことは正しかったか？　考えを変えるところはあるか？」と子ども自ら振り返ることができる発問をすることで，考察する内容は具体化されます。「予想が当たった！」ではなく「予想のここはあっていたけれど，ここは思っていたのと違った」と自分の考えが更新できる様子を求めていきます。

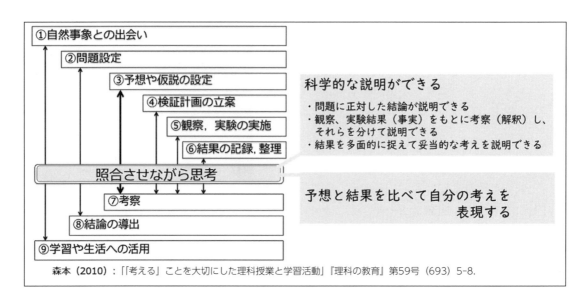

森本（2010）：「「考える」ことを大切にした理科授業と学習活動」『理科の教育』第59号（693）5-8.

発問を生かした授業例
単元名「空気と水の性質」

　第4学年「空気と水の性質」では，閉じ込めた空気や水を圧して，体積や圧し返す力の変化について調べます。予想の場面では，水を閉じ込めて圧したときの中の様子について，文で表現するとともに，イメージ図をかかせることで話し合いが具体化されます。

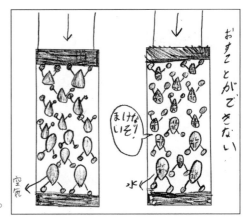

予想

　C：空気は圧せると思います。（図のように）空気の粒にすき間があるイメージです。そのすき間によって圧せると思います。
　C：逆に，水は圧すことができないと思います。（図のように）水も空気と同じように粒だけど，水の粒がお互いを圧し合っているイメージなので，圧すことができないと思います。

　予想したことを基に実験で確かめます。結果は，空気は圧すことができ，水は圧すことができません。
　C：予想通りだった！

　予想と同じ結果を得た子どもはそこで満足してしまい，考察場面で考えることを失せてしまいます。そこで，

予想は確かめられたかな？

と子どもに発問してみましょう。

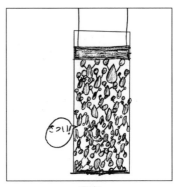

考察
水の粒をかき直した

　C：空気の粒は予想した通り，粒にすき間があるようなすかすかしたイメージでいいと思う。だけど，水の粒は最初，空気と同じような粒の状態を考えていたけど，圧した感触から，水の粒は空気の粒よりもぎっしり詰まっているかもしれない。だから圧せなかったのだと思う。かき直そう。（右図）
　C：予想はあっていたけど，圧した感触は思っていたのと違った。そして，粒のイメージも違う気がしてきた。
　T：大事な気づきなので文にまとめておきましょう。

　考察時，結果が予想通りだった子は「予想通りだった」の一言で終わってしまいがちです。予想時に考えたことを文や絵で詳しくかかせておくことで，予想と結果を照らし合わせて考えられるようになります。

考えを変えるところはあるかな

 発問のポイント

❶予想通りだった子に焦点をあてる

　子どもは予想をして観察，実験を行います。結果が予想とあっていたとき，その子どもはどのような考えをもっているでしょうか。「予想とあっていた！」「予想が当たった！」というようなクイズ感覚だけで，自分の考えを修正する必要はないと思っている子が多いようです。

　例えば，第4学年「空気と水の性質」の学習で，「閉じ込めた空気に力を加えると，空気の体積や手応えはどうなるのだろうか」という問題に対して「空気は圧し縮めることができるだろう。だから体積は小さくなるだろう」という予想を立てたA君がいたとします。しかし，A君は「空気は圧し縮められても，その程度は少しだろう」と考えていました。この考えは記録に残さず，発表もしていません。

　実験結果でA君は「予想通りだった」と判断します。たしかに空気は圧し縮まり，体積は小さくなっているのでA君の考えはあっていますが，「少ししか圧し縮められないだろう」という考えの部分は現象通りではありません。A君はその考えを公表していないので，考察場面で考えを修正することなく，あっていたという安堵感のみで終了してしまいます。

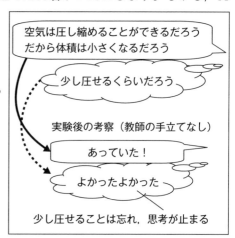

❷「どのように」「どのくらい」まで細かく問う

　予想の場面では「どのように変化していくか」「どのくらいの量なのか」までを予想できるようにします。そうすることで，結果が予想通りであっても「思っていた以上に変化した」「思っていたより量が増えた」など現象を捉えながら自分の考えを一部修正していくことができます。これだけで十分な考察になります。現象を見て初めて気づいたことや，これまでの概念を修正することが考察では大事とされます。

発問を生かした授業例
単元名「水溶液の性質」

　第6学年「水溶液の性質」では，水溶液の液性についてリトマス試験紙を使って調べる方法が一般的ですが，ムラサキキャベツの煮汁を使って詳細なpH濃度を調べることもできます。すでに塾や参考書などで水溶液の液性を知識として獲得している子は，予想の段階で何が酸性で何がアルカリ性かをすぐに答えてしまいます。

　C：塩酸は酸性です。水酸化ナトリウム水溶液はアルカリ性です。

調べる水溶液	
・塩酸	・お酢
・炭酸水	・水道水
・食塩水	・石灰水
・アンモニア水	
・水酸化ナトリウム水溶液	

　T：CMで弱酸性って言葉を聞きますよね。塩酸は弱酸性ですか？　その逆で強酸性ですか？

　C：体に触れるとよくないと聞くから，強酸性かな。

　T：お酢は？

　C：飲めるから弱酸性じゃないかな。弱じゃないと飲めないよ。

各水溶液の予想が立ったら，実験を行います。まずはリトマス試験紙の実験です。

　C：リトマス試験紙で実験したら，酸性かアルカリ性かはわかりました。予想通りでした。

　C：予想はあっていたけど，弱いか強いかはよくわからないな。

　T：ムラサキキャベツを煮詰めた液で調べる方法がありますよ。

次時，ムラサキキャベツの煮汁で実験を行い，結果を出します。

　C：きれいな色！　濃さによって色が変わる。水溶液を濃い順に並べ変えてみよう。

　そして，

考えを変えるところはあるかな？

と子どもに発問してみましょう。

　C：酸性やアルカリ性は予想通りだったけど，同じ酸性でも濃さに違いがあるとは初めて知りました。

　C：お酢は酸性であることは知っていました。けれど，飲めるから弱酸性だと思い込んでいました。調べたら強めの酸性だったのでびっくりです。人間はこんな強い酸性の液体を飲んで大丈夫なの？

　C：水酸化ナトリウム水溶液はやっぱり強いアルカリ性だった。

　T：考えを修正したところがあったら，ノートにきちんと記録しておきましょう。

そこまでいえるかな

 発問のポイント

❶考察では「どこまでいえるか」を意識させる

　考察や結論では，子どもがノートに書き起こしたり，話し合ったりする活動を行うことで自分の考えを固めることができます。子どもが結果を基に「何がいえるか」「どこまでいえるか」を気にしながらまとめられるようにすることで，妥当な考えをつくりだすことができます。

❷結論では知識や感覚を排除させる

　結論文では，得られた結果（事実）を基にいえることをまとめます。よって，子どもの概念や知識，感覚的な捉えを含めてしまうと問題解決のまとめになりません。

　例えば，第6学年「植物の養分と水の通り道」では，日光によって葉にできる養分の関係を調べます。日光に当てた葉，当てない葉をヨウ素液に浸け，でんぷんの有無から「葉に日光が当たるとデンプンができる」ことを考察します。

　しかし，子どもが書いた結論文を見てみると，「植物の葉に日光が当たると光合成によってでんぷんができる。そのでんぷんは植物の成長に使われる」と書かれていることがあります。一見，正しく，よく考えら

植物の葉に日光が当たると光合成によってでんぷんができる。そのでんぷんは植物の成長に使われる。

れた結論文のように見えますが，子どもの概念が文に含まれているため，科学的な解釈になっていません。まず，「光合成によって」の一文は今回の実験からは確認できないシステムであり，子どもの既有の知識が含まれた解釈です。そして，「そのでんぷんは植物の成長に使われる」も今回の実験からは判断できません。よって，いいすぎた結論文になります。まとめる活動の際に「そこまでいえるかな？」と指摘してあげることで結果を基にした文をまとめることができます。

発問を生かした授業例
単元名「季節と生物」

　第4学年「季節と生物」では，四季を通して気温の変化と生物の様子の関係について調べ，考察，結論づけていく長期的な問題解決を行っていきます。4月に初めて行う春の観察では，桜の様子や草花の開花，昆虫の姿などを観察するとともに年間を通して気温を測る計画を立てます。

　　C：サクラの花が散って，葉がたくさん茂っていました。

　　C：チョウが飛んでいました。小さい虫もたくさん見つけました。

　　C：気温を測ったら18℃でした。少し暖かい。最近は暖かい日が多いね。

　　T：今日の観察を記録しておきましょう。

　　C：冬と比べて暖かくなったから，サクラの木は成長した。

　このような記録や発言をしていたら，

そこまでいえるかな？

と子どもに発問してみましょう。

　　C：いえます。だって，冬が終わって暖かくなった
　　　　から葉が増えたでしょ。今日だって暖かいし。

　　T：冬の気温の観測はしましたか？

　　C：してないけど，今日より寒かったから。春の方
　　　　が暖かいに決まっている。

　　T：それはあなたの体感ですよね。どれくらい暖か
　　　　くなったかを詳しく数値にして調べていくこと
　　　　で，誰もが納得できる説明になるのですよ。

　　C：冬の気温をまだ測っていないのに，暖かくなっ
　　　　たから植物は成長したといいきってはいけない
　　　　のか。

　　C：じゃあ，今日の観察だと何がいえるのだろう。

　　C：「暖かくなったから葉が増えたのかな。気温と生物は関係ありそうだ」までかな。

　　C：まだ比べられる結果がそろっていないので「こうだ！」と決めてしまうのはおかしいね。
　　　　夏，秋，冬の気温を調べてそのときの生物の様子もしっかり見ていかないとだね。

　　T：気温と生物の成長が関係しているか。みなさんの予想が正しいか。これからの観察を楽
　　　　しみにしていきましょう。

考察

どうして結果がみんなと 違ってしまったのかな

 発問のポイント

❶共通の観察，実験を行う

　クラスで共通の観察，実験を班ごとに行った場合，結果はどの班も同じであることが求められます。複数の結果が共通しているということは，再現性・実証性が高いといえます。また，自身が行った観察，実験は妥当であったと判断することもできます。

❷考察で原因を追究する

　班ごとに観察，実験を行った際，ある１つの班が他の班とは異なった結果を得てしまうケースがあります。結果を共有する場面で，その班は明らかに間違った実験操作をしてしまったという雰囲気になりますが，その班が得た結果も事実であることには間違いありません。「どうして他の班と結果が異なってしまったのか」その原因を追究していくことも考察になります。

❸観察，実験方法の妥当性について考える

　結果が異なってしまった班は，観察，実験の方法・手順・操作が他の班と異なっていた可能性が大きな要因として考えられます。自分たちの行った検証方法を振り返り，他の班と異なる部分を見いだすことで，クラス全体が納得いく結論へと導くことができます。必ずしも同じ結果になった複数の班が正しいとは限りません。場合によっては多くの班が検証場面で同じミスをしていることもあり得るのです。正しい結果が得られたと思われる班も，間違った結果を得てしまったと感じた班も，自分たちが行った検証が妥当なものであったかを振り返るようにします。

	結果	
1班	○	・自身の観察，実験が
2班	○	妥当であったと考えられる
3班	○	・複数の結果から
4班	○	再現性・実証性が高い
5班	○	
6班	×	→・観察，実験を振り返る
		きっかけになる

発問を生かした授業例
単元名「物の溶け方」

　第5学年「物の溶け方」では，食塩は水にどのくらい溶けるかについて調べる活動があります。50mLの水に食塩を5gずつ溶かしきり，溶けなくなるまでの限界量を調べます。はじめは食塩を5gずつ溶かしていきますが，溶けにくくなってきたら水に入れる量を1gずつにしていきます。50mLの水はメスシリンダーを用いて正確に量り，食塩は電子てんびんで正確な量を量ります。クラス全体で同じ方法・手順で実験を行うので，正しい操作を行っていれば同じ結果（約17g溶ける）になります。

　C：A班，B班，C班は16g溶けました。

　C：D班，E班，F班は17g溶けました。

　C：G班は20g溶けました。

　C：G班だけ結果が違う。

　1班だけ他の班と異なる結果を示したら，

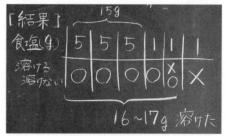

どうして結果がみんなと違ってしまったのかな？

と子どもに発問してみましょう。

　C：G班は実験で何かミスをしたのかも。

　T：わかりませんよ。もしかしたらみなさんの実験のやり方が間違っていて，G班が正しいのかもしれません。どのような実験を行ったのか，みなさんで振り返ってみましょう。

　C：G班は，はじめは食塩を5gずつ入れてかき混ぜました。

　C：15gを超えたくらいから溶けにくくなってきたので，1gずつ溶かし，20gまで溶かしました。

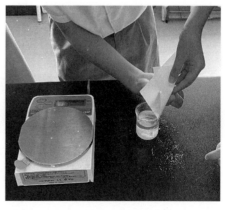

　C：ちょっと待って！　私たちの班は10gくらいから溶けにくくなってきたので，そこから1gずつ溶かしていったよ。最初の5gずつはちゃんと溶かしたのかな？

　C：あれ？　G班の机は食塩だらけだよ。食塩をたくさんこぼしながら実験している。

　T：その食塩を集めて重さを量ってみたらどうなるかな。

　C：約3gだ。こぼした3gを引いたら17gで私たちと同じくらいの結果になる。

　C：それなら納得できる。みんなほぼ同じ結果になるね。

自分の考えは友達の考えと あっていたかな

 発問のポイント

❶問題と正対させる

　考察で明らかになったことがはっきりしてきたら，結論としてまとめます。結論は，問題に正対した答えになっていないといけません。例えば，「根から取り入れた水は，植物のどこを通って，体全体にいきわたるのだろうか」という問題に対しての結論は，調べた結果を基にしながら「根から取り入れた水は，根や茎，葉等にある水の通り道を通って体全体に運ばれる」となります。結論を書きあぐねている子には，「問題は何だったっけ？」と学習を振り返らせてあげると書きやすくなります。

> 問題「根から取り入れた水は，<u>植物のどこを通って，体全体</u>にいきわたるのだろうか」
>
> 　　　　　　　　　　　　　　　↓　問題に対する答え
>
> 結論「根から取り入れた水は，<u>根や茎，葉等にある水の通り道を通って体全体に運ばれる</u>」

❷自分の言葉でまとめ，照らし合わせる

　結論文は，まず自分の言葉でまとめられるようにします。その後，友達の結論と照らし合わせてみましょう。友達の結論文には「植物の体のすみずみまで運ばれる」という自分と違う詳しい表現がされていました。問題にされていない答えではありますが，詳しく観察して発見できた内容です。友達の考えを取り入れて自分の結論を修正することができます。

> 問題「根から取り入れた水は，<u>植物のどこを通って，体全体</u>にいきわたるのだろうか」
>
> 　　　　　　　　　　　　　↓　問題に対する答え　　　　友達の考えを取り入れ，加筆修正
>
> 結論「根から取り入れた水は，<u>根や茎，葉等にある水の通り道を通って運ばれ，植物の</u>
> 　　　<u>体のすみずみまでいきわたる</u>」

発問を生かした授業例
単元名「金属，水，空気と温度」

　第4学年「金属，水，空気と温度」では金属，水，空気それぞれの温度変化に対する体積の変化との関係について調べます。空気を温めたり冷やしたりしたときの体積変化を調べ，「空気は温められると体積が大きくなる。冷やされると体積が小さくなる」ことを結論として見いだします。その後，水で同様の実験を行います。

　問題：水の温度が変わると，水の体積はどうなるだろう。

　Ｃ：実験で水を温めたら，結果は水面が上がった。

　Ｃ：冷やしたら水面が下がった。

　結論：水も空気と同じように温められると体積が大きくなり，冷やすと体積が小さくなる。

　Ｃ：先生，結論が書けました！

結論が書けた子には，

自分の考えは友達の考えとあっていたかな？

と子どもに発問してみましょう。

　Ｃ：あなたの結論文は少し言葉が違うけど，私の考えと同じだね。

　Ｃ：あれ，あの子の結論文，私の結論と少し違う。

　友達の結論：水も温められると体積が大きくなり，冷やすと体積が小さくなるが，水の体積
　　　　　　　変化は空気と比べると小さい。

　Ｃ：友達の結論文には，空気と水の結果を比べて考えたことが書かれている。

　Ｃ：たしかに空気と比べて水の体積変化はすごく小さかった。これもわかったことに含まれ
　　　るし大事なことだから書き加えておこう。

　Ｃ：空気は手で握ったとき，手の温度で体積が大きくなった。けど，水は握っただけでは大
　　　きくならなかった。熱いお湯で少し大きくなるくらいだった。

　Ｔ：よく気づきましたね。今の結論は問題の答えとしてよく書けていますよ。気づいたこと
　　　も書き加えることでより詳しい結論になりますよ。今の文に書き加えておきましょう。

　結論（加筆修正）：水も空気と同じように温められると体積が大きくなり，冷やすと体積が
　　　　　　　　　　小さくなる。その変化の様子は，空気と比べ小さい。

結論 ───────────────────────────────

この結論でみんないいかな

 発問のポイント

❶科学的な合意形成を図る

　結論文やまとめを教師が黒板に書く姿をよく目にします。子どもはその文をノートに写し，まとめた気分になりますが，考察したことを基に自分の言葉で結論を導き出せていないため，主体的な問題解決になっていません。

　結論は子ども自身の言葉でまとめるようにします。この場合，様々な結論文になるため，教師はまとめを一文に直して板書したくなります。しかし，「科学的な合意点」を得られていれば，１つの結論文にする必要はないのです。

❷得られた結論文を発表させる

　個々の結論が得られたら発表の場をつくります。教師は板書せず，他の友達に「○○さんの結論でみんないいかな？」と問いかけてあげましょう。結論が自然の事物・現象を基に，問題と正対した答えになっているか，科学的な根拠に基づいたまとめになっているか，科学的に妥当と判断できるかなど，クラスのみんなが納得できれば，それが授業のまとめになります。

❸学習をまとめる

　理科の授業は，結果（事実）を基に多面的に話し合い，個々の考えを深め，最後に結論として全員が「納得」できることを目指します。学習のまとめのポイントは３つあります。

・問題に対しての自分なりの答えを導き出し，概念の変容を感想などで表現する

・わかったこと，発見したことをノートに記録する

・クラス全体で，結論や学習内容について合意形成を図る

　これらの活動を通して，教師は子どもの“個の状態”を見取り，次の指導改善や個に応じた支援へとつなげることができます。

発問を生かした授業例
単元名「光と音の性質」

　第3学年「光と音の性質」では，音を鳴らす活動を通して，音の大小と震えの関係について調べます。子どもたちは身近な音の鳴るものや手づくりおもちゃを使って震えを視覚化していきます。

C：輪ゴムを弾いて音が大きいとき，ビーズはジリジリ震えていた。音が小さいときは震えが小さかった。

T：結果からわかったことをまとめましょう。まとめられた子は発表してください。

C：大きい音のときは，震えが大きくなって，小さい音のときは，震えが小さいです。

C：音の大きさによって，物の震え方は変わります。

A児　| 大きい音の時はふるえが大きくなって小さい音の時は、ふるえが小さい。

B児　| 音の大きさによって、もののふるえ方は変わる。

C：音の大きさによって，物の震え方は大きければ大きく震えて，小さければ小さく震えた。

C児　| 音の大きさによってもののふるえかたは大きければ大きくふるえて小さければ小さくふるえた。

C：音の震え方によって，物の震え方は大きい音と小さい音になる。

D児　| 音のふるえ方によってもののふるえ方は、大きい音と小さい音に　なる

C：音の大きさによって，物の震え方は，大きい震えと小さい震えで違う。

E児　| 音の大きさによって、もののふるえ方は、大きいふるえと小さいふるえでふるえがちがう。

複数のまとめが発表できたら，

この結論（まとめ）でみんないいかな？

と子どもに発問してみましょう。

C：いいと思います。みんな言葉は違うけど，いっていることは同じだと思います。

C：音の大きさと震えの関係がわかりました。

T：先生がみなさんの文をまとめなくてもよさそうですね。友達のまとめを聞いて，いいなと思ったことがあったら，書き加えておきましょう。

活用

新たな疑問はあるかな

 発問のポイント

❶問い続け，学び続ける子を育てる

「問う」とは，既有の概念とあるべき姿との間にできるギャップを感じ，疑問を抱くことです。「学ぶ」とは，自らの意思で目の前にある対象と関わり，対象のもつ意味を明らかにする

べく，対象物・自己・他者と関わり合いながら解決していくことです。これら「問うこと・学ぶこと」を繰り返すことで，新たな自己の変容の認識がもてるようになります。子ども自らが問い続けられるようになるのがベストですが，はじめのうちは教師による働きかけが必要です。

❷学習感想を書かせる

新たな疑問について聞きだす場面は，主に授業の終末になります。よって，子どもの発言について，じっくりと吟味する時間はありません。そこで，学習感想を書かせることで個々が感じている新たな疑問，単元に対する興味・関心，学びに向かう態度等を見取ることができます。感想は，問題解決の過程とは異なる視点の内容でも構いませんが，「楽しかった」などの漠然とした気持ちで終わらせることないよう，教師は「新たな疑問はあるかな？」と問いかけ，具体的な感想が記述できるよう支援していきます。

後に回収したノートから，子どもの疑問や思いについて自らの学びにつながるコメントを書いたり，次時の授業に生かしたりすることができます。

> 水に食塩を入れると、底に付いた時に食塩の上のちにとうめいの「モワ〜」という流れのような物が出来て、しばらくすると見えなくなりました。<u>他の物がどうやってとけるのも見てみたいです！</u>
> 食塩のほかにちがう物をとかしてみたら、どんなかな?? いい気付きです。

発問を生かした授業例
単元名「天気の変化」

　第5学年「天気の変化」では，雲の様子を観測したり，映像などの気象情報を活用したりする中で，雲の動きや量に着目し，それらと天気の変化とを関係付けながら調べます。天気の変化は雲の量や動きと関係があり，主に春ごろの天気は西から東へと変化することを学びます。子どもは授業で扱った時期（主に春）の天気の変化は学習しますが，他の季節や1年を通した天気の変化は学習しません。例えば，春ごろに「天気の変化」について学習した場面では，次のように子どもたちは，学習したことを活発に振り返っていきます。

　　C：気象情報から，春頃の日本は，雲が西から東へ動いていくから，それに伴って天気もだいたい西から東へ変わっていくんだね。
　　C：気象情報を見るのもいいけど，実際に屋上から雨雲が西の空にあるかどうかでも天気をある程度予測できるよね。
　しかし，その学びはまだ授業の枠から出ていません。そんなときは，

新たな疑問はあるかな？

と子どもに発問してみましょう。
　　C：天気が西から東へ動くことがわかったから，それを生かして，これからも天気は予測できるのかな。
　　C：今回調べたのは，春ごろの天気だから，他の季節も同じように考えてもいいのかな。もしかしたら，季節ごとに天気の変わり方は違うかもしれないよ。
　　C：夏は台風が南から移動してくるし……。
　　T：テレビやインターネットを使って，自分で天気の変化に関係する資料を集めていくのもおもしろいですね。
　単元で学習したことを超えて，子どもがさらに調べたいことはないかを考えることで，主体的な学びに向かいます。教師は探究し続ける子どもの姿を大事にし，授業外で何ができそうかをアドバイスしてあげることもできます。

今日学んだことは，生活の どんなところで役に立っているかな

 発問のポイント

❶子どもの学びを授業内に留めず，日常へと拡張する

　子どもたちは理科の授業の中で様々なことを学びます。その学びを生かして，これからの理科の授業では，さらに問題解決の力を活用したり，理科の見方・考え方を働かせたりすることができることでしょう。しかし，その一方で理科の中で習得した問題解決の力や，理科の見方・考え方を授業外にまで拡張して働かせることには難しさがあります。理科の学びを，日常生活において漠然と捉えていた現象を明るく照らすライト的な「お助けグッズ」のような存在にするために，「今日学んだことは，生活のどんなところで役立っているかな？」と教師は働きかけていきます。学んだことを生活場面に拡張して考える持続した学びを生みます。

❷「知識・技能」「思考・判断・表現」が役に立つ

　問題解決や単元が終わり，獲得した知識は単元ごとに独立して記憶するのではなく，他の単元や日常生活とつなげることが必要です。第4学年「金属，水，空気と温度」の「温まり方の違い」なら部屋の暖房と関連させていたり，第5学年「天気の変化」なら，自分の住んでいる地域の天気を予測したりするなどです。しかし，生活で役に立つ活用はあくまで「知識」の応用にすぎません。

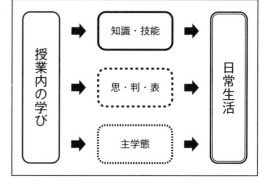

　「思考・判断・表現」は，考察場面で事実と解釈を区別した記述をします。ここで身に付いた力は日常生活で友達との会話や，メディアの報道などで，常に「この話題は，事実かな，印象かな」と批判的に考える力につながります。他にも「主体的に学習に取り組む態度」では，粘り強く取り組む経験が日常生活で生かされます。このように理科の授業の学びは日常生活で役立つものばかりなのです。

発問を生かした授業例
単元名「てこの規則性」

　第6学年「てこの規則性」では，力を加える位置や力の大きさに着目して，てこの働きを多面的に調べる活動を通して，力を加える位置や大きさを変えると，てこを傾ける働きが変わり，てこがつり合うときにはそれらの間に規則性があることを学習します。例えば，単元の最後に学習内容を振り返っている場面では，次のように授業の中で学習した知識が発表されていきます。

　　C：支点から力点までの距離が長いほど，小さな力で持ち上
　　　　げられるね。
　　C：支点から作用点までの距離が短いほど，小さな力で持ち
　　　　上げられるね。
　　C：水平につり合っているときは，左右のうでの力の大きさ
　　　　と支点からの距離の積が同じになるね。

　そのときに，

今日学んだことは，生活のどんなところで役に立っているかな？

と子どもに発問してみましょう。

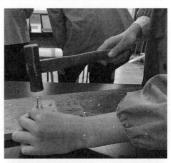

　　C：ハンマーは重くて扱いにくいけど，柄の持つ位置で，使
　　　　い勝手が変わりました。
　　T：ハンマーのどこを持ったら，使いやすくなりましたか？
　　C：柄を長く持つと，強い力で打つことができたのですが，
　　　　ねらいが定まりにくかったです。しかし，柄を短く持つ
　　　　と，打つ力は弱くなるのですが，軽い力で打てるため，
　　　　ねらいが定まりやすかったです。

　というように，ハンマーのエピソードは1人の子どもだけですが，それを共有することで，経験していなかった子も持ち方による手応えの変化を知ることができます。

　子ども一人ひとりは生活経験が異なり，クラス全員が生活の何に役に立つかを把握するのも様々です。学習したことが生活に役立つことを味わわせ，学びの有用感がもてるようにします。

授業を高めるちょいテク発問③
それ，教えてくれるかな

 ## 子どもの何気ないつぶやきに反応する

　授業の中で子どもは学習に関連したいろいろな知識や情報をつぶやいてくれます。ときにはこれから行う観察，実験の結果や結論をそのまま口に出してしまう子もいますが，中には学習に直結し，子どもたちの思考を揺さぶるおもしろい発言やつぶやきをしてくれる子がいます。教師が想定していないつぶやきは，ときに授業を動かし，よりおもしろい展開へと発展します。問題解決とは少し逸れる内容であっても，教師がピンときたときは，その何気ない一言を拾い，広げてあげることができます。

 ## リトマス試験紙はルパン酸性

　第6学年「水溶液の性質」ではリトマス試験紙を使って水溶液の酸性，アルカリ性を調べる実験があります。リトマス試験紙の使い方について指導する際，赤が青に変わったらアルカリ性，青が赤に変わったら酸性と説明しても子どもたちはピンときません。

　C：赤が青に変わったら何だったっけ？

　C：酸性だよ。覚えにくいよね。

　C：リトマス試験紙はルパン三世だよ。

　C：？？？

　子どもの突飛なつぶやきですが，授業に関係ありそうなので，

> ### それ，教えてくれるかな？

と問いかけてみましょう。

　C：塾の先生が教えてくれたんだけど，ルパン三世ははじめの頃は青いジャケットを着てたんだけど，最近のアニメは赤いジャケットに変わったんだよ。だから青が赤に変わったらルパン"酸性"。

　C：それ覚えやすい！　実験がしやすくなったよ！

おわりに

　本書を作成するにあたり，理科の発問について再検討しました。様々な発問を引き出し，整理することで，問題解決に役立つ汎用的な発問は何かが見えてきました。私たちがこれまでに積んだ授業経験からよく使われる発問を中心に選び，最終的に42事例を選びました。

　近年，ICT活用，1人1台端末，個別最適化された学びなど，授業形態に大きな変化が見られます。また，協働的学習を取り入れることにより，子どもが主体となった学びが重要視されるようになりました。子どもの教科書やノートはPCに変わり，教師は板書する量が少なくなったり，多くを語らなくなったり，教師の立ち位置が変わったりと従来の指導スタイルが通用しなくなってきています。そのような時代になっても変わらず重要視されているのが教師による的確で端的な「発問」なのです。

　発問を吟味することは授業を成立させる柱になります。授業は意図的でなくてはいけません。とはいえ，子どもが主体的に活動できる学習環境をつくらないといけません。教師の意図的と子どもの主体的を結ぶ懸け橋が発問になると考えます。発問が子どもにうまく響けば，子どもは自身で動きだします。発問を効果的に使えるようになるには，クラスの雰囲気や子ども一人ひとりの様子を知ること。そして，その子に合った語りかけで発問をしてあげてください。

　初任の先生や理科を苦手とする先生は，授業準備を行う際に教材研究と併行して本書の発問を拾い，展開のイメージを広げていただければ幸いです。学習の状況や先生と子どもとの関係を踏まえ，本書の発問の文言を使いやすいよう改編してお使いください。教師は子どもの思考の流れにジャストフィットした問いを投げかけ，子どもがその発問によって求める以上の反応を見せてくれたとき"ぞわっ"とします。授業をしていて楽しいと感じる瞬間でしょう。

　最後に，本編では書けなかった，「あえて発問しない」を紹介したいと思います。子どもは学校や地域で自然と触れ合ったり，生活で不思議な現象に出合ったりします。飼育したり，試したり，つくったりする活動が子どもにたくさんの経験をもたらします。そのような環境下では，子どもに委ね，経験を重視しながら自然に語らせることができます。その際，子どもは自らが自然に問いかけ，試行錯誤を繰り返しながら問題解決に向かうでしょう。子どもが没頭していたら，教師の発問は余計な情報になることもあるのです。理科は自然の事物・現象が子どもに発問を投げかけてくれる教科でもあるのです。

　本書は，東京学芸大学附属小金井小学校で日ごろより理科を実践研究している教諭が執筆しました。私たちは数年前から理科における子どもの思考面について研究をはじめ，授業提案を実施してきました。その実践が今回書籍という形になりました。刊行するにあたり，明治図書出版の茅野現様には，書籍の企画や方向性等，多くのアドバイスをいただきました。ここに記して深謝申し上げます。

三井　寿哉・小林靖隆

【著者紹介】

三井　寿哉（みつい　としや）
東京学芸大学附属小金井小学校教諭
東京都で３年間，お茶の水女子大学附属小学校で３年間教員を
経て現職。本学教育実習，非常勤講師のほか，東京未来大学非
常勤講師，姫路大学非常勤講師で教員養成にも携わる。理科お
もしろゼミ研究会代表，NHK Eテレ『ふしぎエンドレス』作
成協力委員。
小学校理科教科書『たのしい理科』（大日本図書）の編集に携
わるほか，共著に『GIGA スクールに対応した小学校理科１人
１台端末活用 BOOK』（明治図書），『教材研究×理科　観察・
実験，指導のポイントがわかる超実践ガイド』（明治図書）な
ど。

小林　靖隆（こばやし　やすたか）
東京学芸大学附属小金井小学校教諭
東京都で８年間教員を経て現職。東京学芸大学非常勤講師。武
蔵野大学客員研究員。平成29年度東京都教育委員会教職員表彰
立志賞受賞。
小学校理科教科書『たのしい理科』（大日本図書）の編集に携
わるほか，共著に『GIGA スクールに対応した小学校理科１人
１台端末活用 BOOK』（明治図書），『ベストな展開が選べる！
小学校理科「フローチャート型」授業ガイド』（東洋館出版社）
など。

深い学びに導く理科新発問パターン集

2023年９月初版第１刷刊　©著　者　三　井　寿　哉
　　　　　　　　　　　　　　　　　小　林　靖　隆
　　　　　　　　　　発行者　藤　原　光　政
　　　　　　　　　　発行所　明治図書出版株式会社
　　　　　　　　　　　　　　http://www.meijitosho.co.jp
　　　　　　　　　　（企画）茅野　現（校正）嵯峨裕子・江崎夏生
　　　　　　　　　　〒114-0023　東京都北区滝野川7-46-1
　　　　　　　　　　振替00160-5-151318　電話03(5907)6702
　　　　　　　　　　ご注文窓口　電話03(5907)6668
＊検印省略　　　　　組版所　広　研　印　刷　株　式　会　社
本書の無断コピーは，著作権・出版権にふれます。ご注意ください。

Printed in Japan　　　　　ISBN978-4-18-377320-3
もれなくクーポンがもらえる！読者アンケートはこちらから
→

小学校理科
指導スキル
大全

鳴川 哲也 編著

教材研究・予備実験，事象との出合わせ方，グループ活動の充実，見取り（評価），安全指導，理科室経営等，授業力アップのための必須スキルを60本収録。指導に困ったときも，ステップアップしたいときも，今ほしい情報がすべて詰まった1冊です！

160 ページ／A5判／2,200 円（10％税込）／図書番号：3928

小学校
見方・考え方を
働かせる
問題解決の理科授業

鳴川 哲也・寺本 貴啓
辻　　 健・三井 寿哉
有本　 淳 著

これまで理科では「科学的な見方や考え方を養う」こととされていましたが，学習指導要領改訂で「見方・考え方を働かせ，資質・能力を育成する」となりました。では，子どもが見方・考え方を働かせる授業とはどのようなものなのでしょうか。具体事例をもとに解説します。

192 ページ／四六判／2,200 円（10％税込）／図書番号：3775

明治図書　携帯・スマートフォンからは **明治図書 ONLINE へ** 書籍の検索，注文ができます。▶▶▶

http://www.meijitosho.co.jp ＊併記4桁の図書番号（英数字）でHP，携帯での検索・注文が簡単に行えます。

〒114-0023　東京都北区滝野川7-46-1　ご注文窓口　TEL 03-5907-6668　FAX 050-3156-2790